U0366772

中证中小投资者服务中心
China Securities Investor Services Center

持股行权纠纷调解 | 案例评析

2023年

夏建亭◎主编

上海交通大学出版社
SHANGHAI JIAO TONG UNIVERSITY PRESS

图书在版编目（CIP）数据

持股行权、纠纷调解案例评析. 2023/夏建亭主编
.—上海：上海交通大学出版社，2023.8
ISBN 978-7-313-29092-2

Ⅰ. ①持… Ⅱ. ①夏… Ⅲ. ①股权—经济纠纷—案例
—中国 Ⅳ. ①D922.291.915

中国国家版本馆 CIP 数据核字（2023）第 127654 号

持股行权、纠纷调解案例评析（2023 年）

CHIGU XINGQUAN、JIUFEN TIAOJIE ANLI PINGXI（2023 NIAN）

主　　编：夏建亭
出版发行：上海交通大学出版社　　　　　地　　址：上海市番禺路 951 号
邮政编码：200030　　　　　　　　　　电　　话：021-64071208
印　　制：常熟市文化印刷有限公司　　　经　　销：全国新华书店
开　　本：787mm×1092mm　1/16　　　印　　张：15.25
字　　数：245 千字
版　　次：2023 年 8 月第 1 版　　　　　印　　次：2023 年 8 月第 1 次印刷
书　　号：ISBN 978-7-313-29092-2
定　　价：78.00 元

版权所有　侵权必究
告读者：如发现本书有印装质量问题请与印刷厂质量科联系
联系电话：0512-52219025

编 辑 委 员 会

主　　编：夏建亭

副主编：黄　勇　刘　磊　贺　瑛
　　　　　杨　勇　金　蕾

执行主编：李国俊

本辑主编：杨　宏　姜　皓　杜理达

撰稿人员：（按姓氏笔画排序）

　　　　　万曙光　马玉婷　王志宙
　　　　　王丹阳　邢茂珍　刘晓莲
　　　　　刘晓夏　李　鹏　闫　婧
　　　　　杨立转　杨　敏　何　娇
　　　　　张晓芙　张鹏飞　张冰洁
　　　　　陈学敏　陈惠惠　陈熠昕
　　　　　林玥含　周尚正　郑子倩
　　　　　郑清霞　屈海欣　练彬彬
　　　　　赵冬辉　赵　雪　赵俊尧
　　　　　莫妍哲　黄　婧　傅祥民
　　　　　谢雯雯

本辑编辑：张鹏飞　马行原　晏晨丽
　　　　　伍嘉仪　连　环　陈惠惠
　　　　　李仕婷　李亚鹏　王可心
　　　　　关辰菲　王昕宸　刘霄鹏

持股行权、纠纷调解
案例评析
———
Cases Review of
Shareholding for
Voting Program and
Dispute Mediation

前　言

本书由持股行权和纠纷调解两部分组成,两部分前言内容分别是:

一、持 股 行 权

我国拥有全球规模最大、交易最活跃的投资者群体,目前,A 股上市公司数量突破 5 000 家,个人投资者总数突破 2 亿,保护好投资者合法权益直接关系到社会公平正义和广大人民群众切身利益,关系到资本市场稳定健康发展。作为法定投资者保护机构,中证中小投资者服务中心(以下简称投服中心)初步形成了以投资者教育为基础,以持股行权、纠纷调解、维权诉讼等为特色的保护投资者合法权益的"投服模式"。其中,持股行权业务立足股东身份积极参与公司治理,就公司资产重组、章程修改、承诺变更等事项中可能损害中小投资者利益的行为行使质询权、建议权等股东权利,切实保护投资者权益、提升获得感。

广大投资者参与资本市场的最终的目的是获得投资收益,而让绝大多数投资者获得收益的前提是上市公司价值不断增长,这就要求上市公司必须做好两方面工作:一方面要持续做好价值创造,另一方面要确保公司治理能够为价值创造活动保驾护航。任何不利于上市公司资产保值增值的价值创造活动以及不规范的公司治理都是广大中小投资者的利益痛点。投服中心持股行权业务始终从广大中小投资者的利益痛点出发,持续关注上市公司资产的保值增值和公司治理规范,通过发送股东函、现场行权、公开征集、联合其他投资者行权等举措,示范引领中小投资者做积极股东,推动提升上市公司质量。截至 2022 年 12 月底,投服中心累计行权 3 482 场,年内就资产收购和出售、上市公司资金安全等事项开展日常行权共计 147 场,同时,集中参加了 210 场上市公司 2021 年度业绩说明会,覆盖沪深北 5 大上市板块,涉及 66 个细分行业,鼓励广大中小投资者行使股东权利。

本书从投服中心 2022 年行权案例中筛选出 22 个，覆盖了资产重组、资金占用、业绩承诺等主要行权事项类型，通过解析具体案例中投服中心的行权关注点，系统介绍投服中心揭示风险、阻断风险的行权活动，为中小投资者提供行权参考，激发他们参与公司治理的热情。

二、纠纷调解

中国资本市场经过三十多年的高速发展，在市场规模、体系结构、发展质量和开放水平等方面取得了长足进步，而这一切都离不开投资者的积极参与。切实维护投资者合法权益，既是关系广大人民群众利益的民生工程，也是确保资本市场长期稳定发展的基础性工程。党的二十大明确提出要"健全共建共治共享的社会治理制度，提升社会治理效能"，畅通和规范群众诉求表达、利益协调、权益保障通道，及时将矛盾化解在基层，化解在萌芽状态。

中证资本市场法律服务中心有限公司（下称中证法律服务中心）作为中国证监会批准设立的、我国唯一跨区域跨市场的全国性证券期货纠纷公益调解机构，秉承"为民、奉献、专业、引领"理念，以实际行动落实落细习近平总书记"把非诉讼纠纷解决机制挺在前面"指示和"坚持和发展新时代'枫桥经验'精神要求"，扎实做好证券期货纠纷调解业务，推动形成资本市场司法救济之外的新路径，为维护投资者合法权益作出有益探索。

自揭牌成立以来，中证法律服务中心不忘初心，守正创新，不断畅通投资者维权渠道，努力提高投资者的"获得感""幸福感"：一是通过明确受理范围、提高征询效率等方式提升纠纷受理能力和质量，全面承接资本市场纠纷；二是坚持做好调解主业，通过科技赋能以推进在线调解及"总对总"在线诉调对接，方便投资者依法维权；三是全面铺开损失测算，提升科学化解纠纷水平。值得一提的是，中证法律服务中心积极贯彻落实证监会与最高人民法院《关于全面推进证券期货纠纷多元化解机制建设的意见》，与全国 95 家高中级人民法院签署诉调对接合作协议，实现全国 36 个辖区全覆盖，推动上市公司虚假陈述纠纷等涉众型纠纷通过该机制实现标准化委托委派，纠纷化解质效不断提升。此外，中证法律服务中心依托自身开发的损失计算系统，与各地法院全面构建"损失计算+示范判决+纠纷调解"的上市公司虚假陈述纠纷化解全链条工作机制,显著提升该类纠纷的调解效率,有效维护了中小投资者的合法权益。

截至 2022 年底,中证法律服务中心已累计登记纠纷 2.3 万余件,受理 1.6 万余件,调解成功 1.1 万余件,争议金额约 95 亿元,投资者获赔金额约 30 亿元,资本市场调解主渠道地位不断巩固。本书选取了近年来在中证法律服务中心调解及诉调对接实务工作中比较典型的案例进行剖析研究,旨在通过案例分析来阐明法律适用,剖析交易规则,交流调解技巧,提示投资风险等。案例类型涵盖证券纠纷、基金纠纷、期货纠纷、上市公司纠纷等各领域,希望对中小投资者维权、经营主体规范经营以及今后的纠纷调解工作具有一定的借鉴作用。

由于编者水平有限,本书难免出现错漏之处,敬请各位读者、同行及专家批评指正。

目　　录

持股行权案例评析

案例 1　A 公司资产置换的关联交易　003

　　一、案例简介　003

　　二、案例分析　005

案例 2　投服中心参加陕西辖区集体接待日暨业绩说明会　008

　　一、参会过程　008

　　二、相关公司基本情况分析　008

　　三、投服中心提问内容及上市公司答复　010

案例 3　C 公司资产收购的关联交易　013

　　一、案例简介　013

　　二、案例分析　015

案例 4　D 公司资产收购的交易　018

　　一、案例简介　018

　　二、案例分析　020

案例 5　E 公司向子公司提供财务资助未按期偿还　025

　　一、相关公司介绍　025

　　二、提供财务资助时案例分析　027

　　三、财务资助无法偿还时案例分析　028

案例 6　F 公司资产置换的关联交易　032

　　一、案例简介　032

　　二、案例分析　035

案例 7　G 公司资产收购的关联交易　　038
　一、案例简介　　038
　二、案例分析　　040

案例 8　H 公司收购 5 家康复医院的关联交易　　042
　一、案例简介　　042
　二、案例分析　　050

案例 9　I 公司重大资产重组　　051
　一、案例简介　　051
　二、案例分析　　055

案例 10　J 公司资产收购的关联交易　　060
　一、案例简介　　060
　二、案例分析　　062

案例 11　K 公司收购控股股东控制公司部分股权　　068
　一、案例简介　　068
　二、案例分析　　070

案例 12　L 公司业绩补偿款未收回　　073
　一、案例简介　　073
　二、案例分析　　074

案例 13　M 公司控股子公司未充分履行业绩承诺　　077
　一、案例简介　　077
　二、案例分析　　081

案例 14　N 公司资产收购的关联交易　　082
　一、案例简介　　082
　二、案例分析　　084

案例 15　O 公司参股子公司未履行业绩承诺　　086
　一、案例简介　　086
　二、案例分析　　089

案例 16　P 公司资金占用及违规担保　　091
　一、案例简介　　091

二、案例分析 092

案例 17 Q 公司违反股东大会决议进行关联交易 094
一、案例简介 094
二、案例分析 095

案例 18 R 公司业绩补偿款未收回 097
一、案例简介 097
二、案例分析 098

案例 19 S 公司出售资产 100
一、案例简介 100
二、案例分析 102

案例 20 T 公司业绩承诺未履行行权案例 105
一、案例简介 105
二、案例分析 107

案例 21 U 公司资产出售的交易 108
一、案例简介 108
二、案例分析 110

案例 22 V 公司出售控股子公司并调整业绩承诺 112
一、案例简介 112
二、案例分析 114

纠纷调解案例评析

第一篇 证券专题 119

案例 1 证券公司因投资者身份识别引发的业务纠纷案例分析
王志宙 赵冬辉 刘晓莲 121

案例 2 证券公司佣金纠纷调解案例评析及相关建议 刘晓夏 邢茂珍 127

案例 3 关于某投资者与证券公司营业部之间的新股申购缴款通知
纠纷调解案例 郑清霞 林玥含 132

案例 4 投资者与证券公司营业部之间的费用纠纷案例分析 黄婧 140

案例 5　质押式证券回购纠纷中资金融入方违约案例分析　　　万曙光　147

第二篇　基金专题　　　155

案例 6　基金持有期计算规则纠纷案例评析　　　杨　敏　郑子倩　157

案例 7　持有期基金赎回规则纠纷案例分析　　　屈海欣　164

案例 8　销售环节应合规，风险意识须筑牢
　　　——一起私募产品纠纷带来的思考　　陈熠昕　张晓芙　周尚正　171

案例 9　私募基金纠纷中托管人责任实证研究　　　华泰证券课题组　178

第三篇　上市公司专题　　　187

案例 10　操纵证券交易市场责任纠纷调解案例　　　杨立转　189

案例 11　证券虚假陈述重大性的认定
　　　——柯某等诉安徽华信等证券虚假陈述责任纠纷案
　　　　　　李　鹏　练彬彬　194

第四篇　期货专题　　　203

案例 12　基于证券期货纠纷的处理评析和研究
　　　——简析期货公司投诉纠纷管理　　马玉婷　陈学敏　205

案例 13　常见期货居间纠纷类型及案例评析　　　何　娇　212

案例 14　期货公司居间人"喊单"纠纷实证分析
　　　——基于法律服务中心近三年调解数据　　　陈惠惠　223

持股行权案例评析

案例 1 A 公司资产置换的关联交易

2022 年 4 月,A 公司发布了《关于公司资产置换暨关联交易的公告》(以下简称《交易公告》),拟以持有的全资子公司 XBDC 公司 100% 股权与公司实际控制人控制的 NJSB 公司持有的标的医院 80% 股权进行置换,交易作价 17.301 亿元。本次置换完成后,公司将持有标的医院 80% 股权,不再持有 XBDC 公司的股权,本次交易构成关联交易。

一、案 例 简 介

(一)上市公司基本情况

A 公司成立于 1991 年 5 月,于 1993 年 10 月在上海证券交易所主板上市交易。发布《交易公告》时,A 公司股价为 10.7 元/股,总股本为 1 346 132 221 股,总市值 144.44 亿元,在本次交易前,A 公司控股股东为 SBJT 公司,持股比例为 35.99%,实际控制人为袁某某。

A 公司主要经营业务为商业、房地产业、宾馆餐饮业、健康养老、护理行业、专业技术服务、科研服务业和医药制造业。其最近三年的财务状况和经营成果如表 1 - 1 - 1 所示。

表 1 - 1 - 1 A 公司基本财务指标

单位: 万元

项　　目	2021 年 12 月 31 日	2020 年 12 月 31 日	2019 年 12 月 31 日
总资产	2 533 013.02	2 462 807.61	2 305 471.82
总负债	718 340.22	767 846.25	682 954.23
股东权益	1 814 672.79	1 694 961.36	1 622 517.60

项　　目	2021 年	2020 年	2019 年
营业收入	617 674.75	565 690.40	950 184.99
利润总额	147 852.12	108 547.19	234 472.33
净利润	124 816.36	90 169.95	185 978.31

（二）标的公司基本情况

本次交易中,标的公司于 2023 年 10 月成立,是一家徐州市民营三级综合性医院。其最近两年的财务状况和经营成果如表 1-1-2 所示。

表 1-1-2　标的医院基本财务指标

单位：万元

项　　目	2021 年 12 月 31 日	2020 年 12 月 31 日
总资产	132 841.24	132 089.48
股东权益	45 556.08	50 086.47
项　　目	2021 年	2020 年
营业收入	20 854.12	196.21
净利润	−4 549.35	231.99

（三）资产收购交易公告精要

1. 资产置换收购标的公司

A 公司拟以资产置换方式收购标的医院 80% 股权,拟置出资产为 XBDC 公司的全部资产及负债,以 2021 年 12 月 31 日为评估基准日,选用资产基础法评估结果作为最终评估结论,本次交易拟置出资产的评估值为 173 010.62 万元,交易价格经协商确定为 173 010.62 万元。拟置入资产为标的医院 80% 股权,选用收益法评估结果作为最终评估结论,评估值为 175 234.4 万元,经协商确定的交易价格为 173 010.62 万元。

2. 本次交易构成关联交易

由于拟置入资产由公司实际控制人控制的 NJSB 公司持有,本次交易构成关联交易。

二、案 例 分 析

(一)行权过程

2022 年 4 月 18 日,投服中心以发布新闻稿的方式公开发声,对本次交易预测标的医院未来业绩大幅增长的基础依据与分析逻辑、董事是否审慎评估了本次交易可能面临的潜在风险等方面进行质询与建议。

(二)行权内容分析

1. 预测标的医院未来业绩大幅增长的基础依据与分析逻辑是否合理

(1)预测标的医院就诊人次持续大幅增长的逻辑是否成立

评估报告中预测,2021~2027 年该医院的门诊年人次分别为 11.127 1 万、30.091 2 万、42.738 万、45.770 4 万、48.642 万、51.272 4 万、53.598 万,年均复合增速 29.96%,其中 2022 年较 2021 年增长率高达 170.43%;上述年度实际占用床位数分别为 530 张、792 张、1 020 张、1 068 张、1 443 张、1 950 张、2 150 张,年均复合增速 26.29%。预测增长的理由为老龄化、城镇化、周边生活小区完善等因素会带动就诊人数增长。

一般而言,一家医院要实现就诊人次大幅增长,在医疗资源相对有限的前提下,不外乎通过社会就诊患者基数增长和在与相对同类的医院的竞争中胜出两条路径。历年《江苏卫生健康年鉴》显示,徐州市诊疗总人数从 2016 年的 6 039.84 万人下降至 2020 年的 5 525.54 万人,年均复合增速为 -2.2%,住院总人数从 2016 年的 174.15 万人增长至 2020 年的 187.89 万人,年均复合增速仅 1.92%,呈现整体诊疗人数负增长、住院人数缓慢增长的特征。而徐州市医疗机构目录信息显示,目前徐州市已有三级综合医院 10 家,包括 9 家公立医院和 1 家民营医院。就综合实力而言,以徐州市中心医院为代表的若干头部公立医院在硬件设备、医护专业水平、患者口碑和信任度等方面,在当地都具备显著优势地位。以徐州市中心医院为例,这家始建于 1953 年的徐州市三级甲等综合医院拥有核定床位 4 500 张、86 个临床专业病区、万元以上设备 4 734 台,在徐州市具有无可争议的竞争优势。但其官网数据显示,该院自 2015~2021 年期间的门诊诊疗人次、出院患者数均呈下滑趋势,门诊诊疗人次从 295.03 万人次下降至 260.72 万人次,出院患者数从 17.06 万人下降至 15.95 万人。

因此,投服中心提请 A 公司就以下两个问题予以说明:第一,评估期间标的医院所在地区老龄化、城镇化、周边生活小区完善等因素的量化指标,以及除近两年的新冠疫情外,还有哪些变量足以持续促使全社会就诊人次不断大幅增长;第二,标的医院作为一家 2021 年 4 月方对外营业,目前尚未盈利的民营三级综合性医院,在硬件基础、仪器设备、医务人员、管理能力、专业技能、诊疗特色、服务能力等方面,相对徐州市当地各家头部公立医院具有哪些核心竞争优势,以实现卓异于当地各家医院的诊疗数据。

（2）预测人均就诊费用持续大幅增长的逻辑是否成立

评估报告中预测,标的医院 2021~2027 年期间的门诊医疗人均花费分别为 445.54 元、614.26 元、654.56 元、704.6 元、758.57 元、816.63 元、879.54 元,年均复合增速 12%;各年度每床住院日费用分别为 805 元、1 908.52 元、2 022.42 元、2 141.92 元、2 273.36 元、2 405.24 元、2 557.08 元,年均复合增速 21.24%。

依据历年《江苏卫生健康年鉴》数据,徐州市每一门诊人次费用从 2016 年的 145.3 元增长至 2020 年的 196.8 元,年均复合增速为 7.88%;每位出院患者医药费用从 2016 年的 8 694.9 元增长至 2020 年的 9 185 元,年均复合增速仅 1.38%,整体呈现费用缓慢增长的特征。而自 2018 年起,我国正持续推动带量采购和医保支付方式改革,赋予各类医疗机构更多公益属性,药品和医用耗材价格逐步向合理水平回归,人民群众的就医负担逐步降低,充分彰显了制度自信。

投服中心提请 A 公司说明,在当前医疗行业宏观政策环境影响下,预测标的医院未来几年单次人均就诊费用背离当地平均水平持续高增长的依据是什么。

2. 董事是否审慎评估了本次交易可能面临的潜在风险

投服中心梳理了 10 多家上市公司并购民营医院的案例,发现民营医院被收购后业绩不达预期者不在少数。例如,JMYL 公司 2018 年 4 月以 11 475 万元收购 XYY 医院 51% 股权,收购时标的资产的净利润仅 14.08 万元,收购当时承诺标的资产 2018~2020 年的净利润分别为 1 300 万元、2 250 万元及 2 585 万元,但实际实现业绩为 1 307.77 万元、835.02 万元及 -892.37 万元,总业绩实现率仅 20.38%。因标的资产未实现业绩承诺,JMYL 公司于 2021 年 6 月要求承诺方回购标的资产股权,并就业绩承诺未实现的原因解释为:由于标的资产所在区域内医疗机构不断增加,市场竞争加剧,同时受社保控费政策趋严的影响,标的资产门诊收入、住院收入均不及预期。又如,YKSM 公司于 2017 年 2 月以 5 280 万元收购 HZYK 医院 100% 股权,收购时标的资产尚未盈利,但 YKSM 公司称标的资产具有良好的区位优势、较好的医疗业务资质和基础,正呈现出良好的发展势头,极为看好其未来发展。2021 年 8 月,YKSM 公司公告称,由于标的资产尚需要长期的资金投入和能力建设,与其现阶段目标不符,以 134.61 万元出售 HZYK 医院 100% 股权,出售时 HZYK 医院经营业绩仍为亏损。

前述两个案例的盈利预测逻辑与本次交易相仿。在本收购案例中,假设标的医院未来业绩确不及预期,三年承诺期累计业绩为 0,按照业绩补偿公式,公司最高可获得业绩补偿 34 426.552 万元,远低于本次交易作价。投服中心质询 A 公司的诸位董事(含独立董事)在审议本次交易时是否综合考虑了其他上市公司并购民营医院失败案例的经验教训,是否审慎地评估了本次交易可能面临的不确定风险,是否能够自证勤勉履职。

公开发声后,投资者在股吧中纷纷表示赞同投服中心的观点,拟对本次交易投反对票。次日,A 公司公告暂停召开本次交易的临时股东大会,2022 年 6 月 3 日公告修改重组草案,提高了本次交易的业绩承诺,从累计不低于 43 033.19 万元提升到 101 929.06 万元,补偿金额从不超过 43 033.19 万元提升至覆盖全部对价,取得了较好的行权效果。

案例 2　投服中心参加陕西辖区集体接待日暨业绩说明会

业绩说明会是上市公司和中小投资者沟通交流的重要载体。以集体接待日的形式集中举办业绩说明会，既能够帮助投资者快速、准确地抓取信息披露重点，全面了解辖区上市公司发展状况，增进投资者对辖区上市公司价值及经营理念的认同感，也能让控股股东、实控人等关键少数集中倾听广大投资者的合理化建议，增强完善公司治理的内在动力，主动提升上市公司治理水平。此次陕西辖区集体接待日暨业绩说明会是落实《上市公司投资者关系管理工作指引》的重要举措，有助于提升上市公司投资者关系管理工作质量，促进上市公司高质量发展。

一、参 会 过 程

2022 年 5 月 13 日，投服中心以线上方式参加 2022 年陕西辖区上市公司投资者集体接待日暨 2021 年度业绩说明会。会上，投服中心从供需关系、价格走势、重点业务、竞争优劣势等方面分别对 BA 公司、BB 公司、BC 公司共三家上市公司进行提问，三家公司均予以认真答复。

二、相关公司基本情况分析

（一）BA 公司

BA 公司成立于 2015 年，注册经营地为陕西省咸阳市，于 2020 年 8 月在深交所创业板上市。公司自成立以来，主要从事电镀金刚石线的研发、生产及销售。公司是目前国内生产规模、市场份额领先的金刚石线生产企业，其生产的金刚石线用于硅切片、硅料开方、蓝宝石、精密陶瓷、磁性材料等硬脆材料，以及半导体材料切割等领域，目前主要应用于光伏硅片切割。经过不断地创新发展，公司已经成为国内光伏硅片切割用金刚石线生产的核心企业,是隆基股份、晶科能源、晶澳科技、保利协鑫等硅切片客户的主要供应商。

2021年,BA公司实现营业收入18.48亿元,同比增长53.29%,归属于母公司的净利润7.63亿元,同比增长69.72%。主要原因为全球新增光伏装机量较2020年大幅增长,金刚石线的市场需求也大幅增长,公司跟随市场情况积极投产、扩产,使2021年度的金刚石线产量与销量都较去年有大幅增长。公司在2022年1~3月电镀金刚石线销售量达1 694万公里,实现营业收入6.66亿元,较上年同期增长83.62%,归属于上市公司股东的净利润为2.85亿元,较上年同期增长49.18%。

(二) BB公司

BB公司前身是一家中外合资企业,成立于2003年,2014年12月在新三板挂牌,2019年7月于上交所科创板上市。该公司是我国高端钛合金棒丝材、锻坯的主要研发生产基地之一;是目前国内唯一的低温超导线材生产企业,是目前全球唯一的铌钛锭棒、超导线材、超导磁体的全流程生产企业;也是我国高性能高温合金材料重点研发生产企业之一。公司主要业务分为三类,第一类是高端钛合金材料,包括棒材、丝材和锻坯等;第二类是超导产品,包括铌钛锭棒、铌钛超导线材、铌三锡超导线材和超导磁体等;第三类是高性能高温合金材料,包括变形高温合金、铸造和粉末高温合金母合金等。

2021年,公司实现营业收入29.35亿元,同比增长38.91%;归属母公司净利润7.43亿元,同比增长100.39%。主要原因是高端钛合金材料、超导产品以及高温合金材料等主营产品销售收入快速增长,产量提升带动规模效益,同时该时期内费用未大幅增长。

(三) BC公司

BC公司成立于2007年,注册经营地为陕西省西安市,于2021年12月在上交所科创板上市。公司为固体激光器、光纤激光器生产企业和科研院所,医疗美容设备、工业制造设备、光刻机核心部件生产商,激光雷达整机企业,半导体和平板显示设备制造商等提供核心元器件及应用解决方案,产品逐步被应用于先进制造、医疗健康、科学研究、汽车应用、信息技术五大领域。公司产品的技术水平、性能和可靠性指标会直接影响中下游激光应用设备的质量和性能,系产业链中的关键环节。公司自成立以来始终专注光子技术基础科学研发以及潜在创新应用领域的拓展。

公司 2021 年度实现营业收入 47 580.46 万元，同比 2020 年增长 32.21%；实现归属于上市公司股东的净利润 6 776.16 万元，同比增长 94.33%，主要系业务规模扩大，产品销售数量增加所致。

三、投服中心提问内容及上市公司答复

（一）BA 公司

（1）公司对 2022 年下半年国内市场的需求和主要产品价格趋势有何判断？

公司回复称，从 2021 年四季度开始，金刚石线市场景气度回升特别明显，一直到 2022 年一季度都维持在增长通道上。2021 年销量有同比 80% 以上的增长，2022 年一季度也是有环比 15% 以上的增长。在"双碳"目标下，我们预计下半年市场需求也将会符合国家目标的发展趋势，公司也做了很多的扩产的准备，可以提供更多的产能支持，一方面实施产线技改，另一方面开展新基地的建设，双管齐下做积极的布局。至于市场价格会受到多方面因素的影响，市场参与者的供求关系可能是一个主导因素，在偏紧的供应格局下，我们认为下半年产品价格会比较平稳，叠加技术成熟的因素将会导致稳中有降的趋势。

（2）请公司介绍一下目前向供应链上游拓展的情况，以及金刚石线产品在除光伏市场外的应用上的拓展情况。

公司回复称，公司之所以向产业链上游拓展，一方面希望以此提升产品创新和研发能力，另一方面希望以此平衡供应风险，提升产品稳定性。公司从 2017 年开始母线拉制和微粉镀附的布局，2018 年延伸到了母线拉制的更上游，就是黄丝研发。2021 年底再次将微分镀附拓展到金刚石破碎，在两大主材领域都有拓展和延伸的布局。金刚石线业务在陶瓷、磁性材料等领域已经成熟，但需求有限，市场有待扩展。半导体切割将会是一个极具前景的领域，但大规模应用仍需较长的验证周期。

（二）BB 公司

（1）公司在经营计划中提出，将在超导材料和磁体领域全面提升公司的国际竞争力，逐步扩大市场占有率。加速相关产品在医疗大健康方面的合作和布局，引领国内及国际相关方向的产业化研发。请公司详细介绍一下在医疗大健康方面布局的具体规划和产业化的相关计划和进展情况。

公司回复称,公司依托"超导材料制备国家工程实验室""陕西省超导磁体产业创新中心"等创新平台,面向市场需求,加大超导磁体技术在医疗领域应用的研发投入力度,同时与核磁共振成像仪厂商共同推进技术革新。公司参与由万东医疗牵头的联合体中标的工信部"国家医疗器械材料生产应用示范平台"项目。借此机会,将重点围绕无液氦超导 MRI 用超导材料生产应用等方面开展工作,助力技术革新,逐步扩大市场占有率。

(2)公司在年报中提出,在实用化低温超导材料方面,公司 MRI 超导线材已参与国际竞争,在国际竞争中的市场份额正在持续扩大。请公司详细介绍一下公司的实用化低温超导材料在国际市场上的竞争优势和未来可能的应用场景。

公司回复称,通过承担国家 863 计划、973 计划、ITER 专项、科技部国际合作专项等多项国家级课题的技术攻关,公司突破了高性能超导材料批量化制备技术瓶颈,多项成果达到国际领先水平,多次获得国家级和省部级科技奖励。成功开发的 MRI 用超导线材已在 GE 医疗、SIEMENS 医疗、联影、东软等国内外主要 MRI 设备生产商的产品中得到批量应用,打破了国际垄断,填补国内空白。公司作为唯一的 NbTi 锭棒、超导线材、超导磁体的全流程生产企业,在原料保障、成本控制、交货周期及售后服务等方面与其他国际竞争对手相比具有天然优势。近年来我国多个大科学工程的加速器磁体、托克马克磁体以及单晶硅生产用磁体等都是重要的应用场景。

(三)BC 公司

(1)年报披露,公司建立了光学镀膜能力,实现了高损伤阈值光学镀膜技术的自主可控,在满足激光光学器件镀膜自身需求的基础上,开展了对外镀膜服务,未来会成为一个新的业务增长点。请公司介绍一下对外镀膜业务的市场前景和预计业务规模。

公司回复称,公司的光学镀膜能力首先服务于公司内部,对公司产品成品率的提升、成本的下降以及给客户的反应速度大力提升;同时对外进行技术服务。公司光学镀膜业务主要有四个方面:① 光通信领域近红外波段,包括高分子光学透镜、光纤镀膜。目前已成功开发量产客户。② 高端制造领域金属加工,蓝光激光器,已开始与客户洽谈。③ 光刻等领域,高功率紫外镀膜。目前已建成 248 nm 镀膜能力并形成收入,正在开发 193 nm 镀膜。④ 激光雷达领域,包括激光雷达罩的镀膜(可以集成硬膜,疏水膜及 AR 膜),以及窄带滤波片等。镀膜能力一般需要半年甚至 2 年时间的验证在验证后起量,今年预计有一定量增长,未来增长会更大。同时,公司已建立起激光损伤阈值测试(LiDT)能力,这也是公司核心竞争力之一,保障产品质量,尤其是为高端技术开发提供了很好的基础。总体来说镀膜能力满足公司内部产能提升、成品率上升、成本下降;快速反应,更好地服务客户起到非常重要的作用。

（2）年报披露,在先进制造领域,公司预制金锡陶瓷热沉产品性能指标进一步提升,并实现了数十万只的量产交付,预期将于 2022 年实现数百万只量产交付。请公司分析一下预制金锡陶瓷热沉产品的增长原因和持续性及对公司未来业绩的影响。

公司回复称,公司预制金锡陶瓷热沉产品增长点主要来自进口替代,对公司未来业绩增长有持续性的贡献。具体如下: ① 存量市场。预制金锡陶瓷全球基本上 95％市场被日本公司垄断 20 余年,炬光科技经过六七年的自主研发,经过 2 年左右的验证期,去年已开始对外销售。② 在持续性方面,我们的材料性能稳定,价格上也有一定优势,因研发及验证时间较长,客户比较稳定,目前公司已服务十余家客户,公司有信心进一步提升市场占有率。同时公司也将进一步提升产品性能,更好地服务于客户。③ 2022 年预计带来 10％左右的收入贡献,未来几年预计有更大的增长。

案例3 C公司资产收购的关联交易

2022年6月,C公司公告了《发行股份及支付现金购买资产并募集配套资金暨关联交易报告书(草案)》(以下简称《重组草案》),拟通过发行股份及支付现金的方式以25亿元收购标的公司100%股权。交易对方SGLD公司、SGDL企业合计持有标的公司72.46%股权,为C公司实际控制人控制的公司,本次交易构成重大资产重组、关联交易。

一、案 例 简 介

(一)上市公司基本情况

C公司成立于2006年5月,于2011年10月在深圳证券交易所主板上市交易。发布《重组草案》时,C公司股价为40.46元/股,总股本为199 062 500股,总市值80.44亿元,在本次交易前,C公司控股股东为YMD集团公司,持股比例为33.85%,实际控制人为林氏兄弟两人。

C公司专注于对新材料和新技术的研发和创新,主营产品为太阳能玻璃、超薄双玻组件、光伏电站业务、电子玻璃及显示器等。其最近三年的财务状况和经营成果如表1-3-1所示。

表1-3-1 C公司基本财务指标

单位:万元

项　　目	2021年12月31日	2020年12月31日	2019年12月31日
总资产	489 285.02	405 384.20	370 960.77
总负债	160 102.06	169 629.94	160 293.12
股东权益	329 182.96	235 754.27	210 667.65

项　　目	2021 年	2020 年	2019 年
营业收入	203 198.27	180 285.83	118 436.78
利润总额	5 810.46	16 886.72	−11 178.20
净利润	5 669.79	14 038.06	−9 389.60

（二）标的公司基本情况

标的公司于 2017 年 10 月成立，主要从事特种光电玻璃、光伏玻璃原片的研发、生产与销售，主要产品为光伏玻璃原片。其最近两年的财务状况和经营成果如表 1−3−2 所示。

表 1−3−2　标的公司基本财务指标

单位：万元

项　　目	2021 年 12 月 31 日	2020 年 12 月 31 日
总资产	199 037.39	106 469.98
总负债	129 117.59	65 596.74
股东权益	69 919.81	40 873.24
项　　目	2021 年	2020 年
营业收入	87 705.56	35 972.57
利润总额	10 151.51	8 732.59
净利润	9 046.56	6 994.65

（三）资产重组草案精要

1. 发行股份及支付现金收购标的公司

C 公司拟通过发行股份及支付现金的方式以 25 亿元收购标的公司 100% 股权，其中发行股份购买资产的比例为 73.67%，交易对价为 18.418 亿元，现金购买资产的比例为 26.33%，交易对价为 5.163 4 亿元。本次交易以 2021 年 12 月 31 日为评估基准日，选用收益法评估结果作为最终评估结论，拟置入资产的评估值为

252 463.15 万元,较其账面价值增值 182 543.34 万元,增值率为 261.08%,交易价格经协商确定为 250 000.00 万元。

2. 本次交易构成关联交易构成重大资产重组

由于拟收购资产由公司实际控制人林氏兄弟两人控制,本次交易构成关联交易。本次交易拟购买资产最近一年资产总额、资产净额占 C 公司最近一个会计年度经审计的合并财务报表相关指标的比例均超过 50%,构成重大资产重组。

3. 本次交易的目的

C 公司主营业务主要为光伏玻璃深加工业务,不涉及光伏玻璃原片生产,玻璃原片主要系外购,标的公司主营玻璃原片的生产、研发和销售,不涉及玻璃深加工业务,处于 C 公司业务的上游。本次交易完成后,C 公司产业链将延伸至玻璃原片制造,有助于增强 C 公司的盈利能力。

二、案 例 分 析

(一) 行权过程

2022 年 6 月 28 日,投服中心以发布新闻稿的方式公开发声,对本次交易预测标的公司玻璃原片销售均价持续增长不符合行业产能快速扩张规律和 C 公司原料采购价格的变化趋势、预测标的公司营业成本持续下滑不符合行业研究报告观点以及正常商业逻辑等方面内容进行质询与建议。

(二) 行权内容分析

1. 预测标的公司玻璃原片销售均价持续增长与行业产能快速扩张、上市公司原料采购价格的变化趋势不符

标的公司主要产品为光伏玻璃原片,主要供应给 C 公司,2021 年对 C 公司的销售额占其营业收入的 99.46%。依据重组草案,标的公司预测 2022~2026 年销量分别为 1.084 8 亿平方米、1.060 3 亿平方米、1.060 7 亿平方米、1.049 3 亿平方米及 1.037 6 亿平方米,营业收入分别为 16.427 6 亿元、17.147 4 亿元、17.760 6 亿元、18.172 8 亿元及 18.423 1 亿元,以此计算标的公司 2022~2026 年玻璃原片产品销售均价为 15.14 元每平方米、16.17 元每平方米、16.74 元每平方米、17.32 元每平方米及 17.75 元每平方米,呈持续上升态势。C 公司称,光伏玻璃仍处恢复性上涨阶

段,对部分光伏玻璃原片参考现行价格考虑了一定增长幅度的预测。投服中心就前述产品销售均价的预测逻辑提出如下质疑:

（1）销售均价的预测是否充分考虑了光伏玻璃行业可能面临的产能过剩

根据中国光伏行业协会披露的年度报告①,截至 2021 年末,光伏玻璃在产窑炉产能约为 43 500 吨/天,较 2020 年同比增长 50.5%,目前全国在建、拟建光伏玻璃项目远超市场需求,未来几年光伏玻璃行业将出现市场供应宽松、企业竞争加剧的情况。同时,中信建投、工银投行等主流券商发布的行业研究报告②显示,依据全国各省陆续召开的光伏玻璃生产线项目听证会资料,2022~2026 年光伏玻璃产能将迅速扩张,逐年新增产能分别为 64 870 吨/天、120 800 吨/天、76 480 吨/天、38 550 吨/天及 14 000 吨/天,2026 年全国产能将达 360 070 吨/天,是 2021 年产能规模的 8 倍左右,2022 年下半年后光伏玻璃或将出现整体产能过剩,价格上行动力不足,2022~2023 年行业将进入价格竞争阶段。在行业整体产能快速扩张,供需结构性错配的背景下,标的公司预测产品销售均价持续增长的逻辑是否成立。

（2）标的公司主要客户 C 公司业绩大幅下滑、产品价格显著下降是否足以支撑标的公司产品销售均价持续上涨的预测逻辑

《重组草案》披露,标的公司生产的玻璃原片主要提供给 C 公司进行光伏玻璃深加工。C 公司 2021 年年报及 2022 年一季报显示,归母净利润自 2021 年第二季度开始持续下滑,2021 年、2022 年第一季度分别同比下滑 60.8%、76.04%,年报解释"由于 2020 年下半年光伏玻璃紧缺,价格大幅上涨,光伏玻璃生产企业纷纷加速产能扩张,2021 年第二季度光伏玻璃价格开始大幅下降并在低位波动,对公司经营业绩产生较大影响"。依据 C 公司历史年报披露的当年太阳能玻璃营业收入及销售量计算,C 公司 2020 年及 2021 年太阳能玻璃的产品单价分别为 28.62 元每平方米及 24.17 元每平方米,已呈现下降趋势,2021 年产品单价同比下滑 15.55%。此外,《重组草案》显示,2021 年标的公司提供给 C 公司的玻璃原片销售均价也出现下滑。在此背景下,标的公司仍预测未来玻璃原片销售均价持续增长,这明显与上

---

① 参考中国光伏行业协会 CPIA 于 2022 年 6 月 22 日发布的《年度报告第八篇:光伏玻璃产能快速增长,跟踪支架占比略有下降》。

② 参考中信建投于 2022 年 6 月 20 日发布的《光伏玻璃系列报告（二）:从听证会中研判未来行业竞争格局及优势企业》;参考工银投行于 2022 年 3 月 24 日发布的《深度:光伏玻璃行业分析及发展趋势》。

市公司披露的信息相矛盾。

2. 预测标的公司营业成本持续下滑与相关行业研究报告的观点相左，也不符合正常的商业逻辑

依据《重组草案》，标的公司预测 2022~2026 年营业成本分别为 13.007 3 亿元、12.905 8 亿元、12.801 3 亿元、12.694 7 亿元及 12.701 5 亿元，呈持续下降趋势，其中材料成本中石英砂各年度预测值不变，均为 1.758 4 亿元，纯碱成本分别为 3.312 2 亿元、3.199 9 亿元、3.087 6 亿元、2.975 3 亿元及 2.975 3 亿元，呈持续下降趋势，制造费用（包括天然气、重油费用等）分别为 6.033 9 亿元、6.040 8 亿元、6.044 6 亿元、6.046 2 亿元及 6.048 7 亿元，呈微幅增长趋势。C 公司称，材料成本参考近期采购价格预测，纯碱在此基础上考虑一定幅度下降预测，燃料动力费参考 2021 年第四季度消耗水平预测。投服中心对本次营业成本预测逻辑提出如下质疑：

依据行业研究报告[①]，业内人士认为光伏玻璃原材料价格坚挺，预计 2022 年下半年成本压力持续存在，考虑到光伏玻璃行业大量的新增产能释放，低铁石英砂矿价格预计呈现易涨难跌走势，纯碱预计保持供需偏紧，海外天然气和石油价格受地缘政治冲突影响，价格高企，短期内难以存在下行拐点。而标的公司未结合相关原材料、燃料动力市场价格未来走势及历史变动趋势，仅依据近期采购价格或 2021 年第四季度情况做出的营业成本的预测是否审慎。同时，在充分竞争的市场环境下，预测标的公司产品销售均价在未来 5 年持续上涨，而营业成本却持续下降有悖于正常商业逻辑。

由于高估营业收入、低估营业成本将推高企业自由现金流的预测值，从而提高估值。鉴于此，投服中心建议 C 公司就前述矛盾问题以公告形式充分回应，合理估值，减少或消除市场对 C 公司通过本次交易向实际控制人进行利益输送的质疑，也希望广大投资者能积极参加即将召开的股东大会，理性投票。

2022 年 12 月 2 日，C 公司公告称鉴于本次交易历时较长，标的公司所处行业和市场受到俄乌冲突、通胀加速等客观因素的影响，原材料和燃料均承受了较大的成本上升的压力，加之国内外宏观经济和资本市场等环境较本次交易筹划之初发生较大变化，故标的公司股东提出终止本次交易，C 公司决定终止本次重大资产重组交易。

---

① 参考中原证券于 2022 年 6 月 22 日发布的《光伏行业下半年策略报告》。

案例 4 D 公司资产收购的交易

2022 年 7 月，D 公司公告了《发行股份及支付现金购买资产并募集配套资金预案》(以下简称《重组预案》)，拟以发行股份及支付现金的方式购买标的公司 100% 的股权。12 月 7 日，D 公司发布了《关于现金收购标的公司 60% 的公告》(以下简称《交易公告》)，拟终止前述重大资产重组，变更为通过现金支付方式以 9.6 亿元收购标的公司 60% 的股权，本次交易不构成重大资产重组，不再需要证监会审核。

一、案例简介

（一）上市公司基本情况

D 公司成立于 1993 年 7 月，于 2011 年 1 月在上海证券交易所主板上市交易。发布《交易公告》时，D 公司股价为 6.15 元/股，总股本为 1 141 838 700 股，总市值 70.223 亿元，在本次交易前，D 公司控股股东及实际控制人为范某某，持股比例为 27.06%。

D 公司主要从事 1 000 kV 及以下各类超高压输电线路角塔、钢管组合塔、各类管道、变电站构架、220 kV 以下钢管及各类钢结构件等产品的研发、生产和销售，D 公司在超高压和特高压输电线路铁塔方面处于行业领先地位。其最近三年的财务状况和经营成果如表 1-4-1 所示。

表 1-4-1 D 公司基本财务指标

单位：万元

项　　目	2021 年 12 月 31 日	2020 年 12 月 31 日	2019 年 12 月 31 日
总资产	523 529.05	474 208.14	460 584.28
总负债	259 889.72	212 947.23	220 984.49
股东权益	263 639.33	261 260.92	239 599.80

续表

项　　目	2021 年	2020 年	2019 年
营业收入	319 763.10	260 052.21	294 036.76
利润总额	11 158.99	27 173.54	−26 266.28
净利润	9 348.50	22 106.85	−27 967.66

（二）标的公司基本情况

本次交易中,标的公司于 2009 年 9 月成立,主营业务为生产和销售单晶硅片、多晶硅片及多晶硅锭等产品,原为一家新三板挂牌公司,于 2019 年 5 月在新三板摘牌。其最近一年一期的财务状况和经营成果如表 1-4-2 所示。

表 1-4-2　标的公司基本财务指标

单位：万元

项　　目	2022 年 6 月 30 日	2021 年 12 月 31 日
总资产	209 030.15	163 978.01
总负债	165 395.48	127 046.36
股东权益	43 634.67	36 931.65
项　　目	2022 年 1~6 月	2021 年
营业收入	54 621.90	79 070.62
净利润	6 482.52	8 722.43

（三）资产重组预案及交易公告精要

1. 发行股份及支付现金收购标的公司 100% 股权

2022 年 7 月,D 公司公告拟通过发行股份及支付现金的方式收购标的公司 100% 股权,交易对价尚未最终确定,预计构成重大资产重组,此外预计本次交易的部分交易方在本次交易后将持有 D 公司 5% 以上股份,构成关联交易。

2. 变更为现金收购标的公司 60% 股权

2022 年 12 月,D 公司公告终止重大资产重组交易,拟以支付现金的方式收购标的公司 60%股权，作价 9.6 亿元。本次交易以 2022 年 6 月 30 日为评估基准日，选用收益法评估结果作为最终评估结论，标的公司股东全部权益收益法评估值为 16.13 亿元，评估较合并口径净资产增值 11.766 533 亿元，增值率为 269.66%。

3. 本次交易不构成关联交易，不构成重大资产重组

由于交易方案变更，本次交易不再构成重大资产重组，也不构成关联交易，无需证监会审批。

4. 本次交易的目的

D 公司认为标的公司具有良好的发展前景和较强的盈利能力，本次交易完成后 D 公司将积极利用自身在组织架构、公司治理等方面的丰富经验，运用至标的公司的生产经营当中，进一步提高生产效率与资源使用效率。同时，标的公司可以共享 D 公司的资本运作平台，提升融资能力，解决发展过程中面临的资本瓶颈，实现跨越式发展，更好地为国家"碳中和"目标、光伏产业发展壮大提供服务。D 公司将充分发挥与标的公司在光伏生产及运营管理等方面的协同效应，强化整合促进内生式增长，借此机会实现优势互补，促进共同发展。

二、案 例 分 析

（一）行权过程

2022 年 12 月 9 日，投服中心参加了 D 公司就重大资产重组变更为支付现金收购资产事项召开的投资者说明会，对标的公司的核心竞争力、应收款项占比较高可能带来的风险、交易安排的合理性、标的公司剩余少数股权安排、本次交易对 D 公司未来现金流及财务状况的影响等方面进行质询与建议。

（二）行权内容分析

1. 建议 D 公司补充说明标的公司的核心竞争力

标的公司主营业务为生产和销售单晶硅片、多晶硅片及多晶硅锭等产品，2019 年 5 月在新三板摘牌，2020 年、2021 年及 2022 年 1~6 月的净利润分别为-7 562.72 万元、8 722.43 万元及 6 482.52 万元，两年一期的合计净利润为 7 642.23 万元。本次交易承诺标的公司 2022~2024 年三年净利润合计不低于 51 000 万元，若扣除标的公司 2022 年 1~6 月已实现的净利润 6 482.52 万元，标的公司 2022 年 7 月至

2024 年末两年一期需实现的净利润为 44 517.48 万元，系前述两年一期合计净利润的 5.8 倍，远高于标的公司的历史业绩水平，但交易公告未披露标的公司技术水平和竞争优势能否支撑其承诺期业绩高增长。

依据中国光伏产业协会发布的《中国光伏产业发展路线图（2021 年版）》，硅片技术发展趋势主要包括单晶硅片加速取代多晶硅片、N 型高效单晶硅片成为下一代主流技术路线以及单晶硅片向大尺寸、薄片化发展。标的公司新三板挂牌期间披露的信息显示，标的公司自 2009 年成立以来主要产品为多晶硅片，2015 年及 2016 年多晶硅片的营收占比高达 80% 以上。2017 年 10 月，标的公司设立 SZJY 全资子公司作为单晶硅片生产基地，目前已掌握 N 型单晶硅片大尺寸、薄片化切割工艺，单晶硅片厚度为 175 μm。依据中国光伏行业协会发布的官方数据，2021 年 P 型单晶硅片行业平均厚度为 170 μm，N 型单晶硅片用于 TOPCon 电池的平均厚度为 165 μm，而同行业可比的上市公司 LJLN 公司官网公布的 182 硅片厚度已为 155 μm。从标的公司的单晶硅片厚度来看，标的公司的技术先进性低于行业均值，与同行业龙头企业存在差距。

此外，依据中国光伏行业协会的统计数据，光伏单晶硅片厂商的市场集中度较高。2021 年 LJLN 公司市占率为 33%、TCLZH 公司为 22%、JKNY 公司为 10%、JAKJ 公司为 10%、SJSK 公司为 6%、JYT 公司为 3%、GJTY 公司为 3%，前述企业的市场份额已高达 87%。且 LJLN 公司、TCLZH 公司、SLJN 公司等同行业上市公司的公告披露其已与下游电池片厂商签署了长单购销协议，协议期限至 2025 年末。这都意味着标的公司需在剩余 13% 的市场份额中参与激烈的市场竞争。建议 D 公司结合标的公司的产品结构、技术领先性、同行业可比上市公司情况及标的公司的在手订单，说明在单晶硅片市场已相对固化的行业竞争格局中，标的公司将如何实现未来业绩高增长。

2. 建议 D 公司补充说明标的公司应收款项占比较高可能带来的风险

依据标的公司审计报告，2021 年末标的公司应收票据及应收账款合计为 2.627 955 亿元，占流动资产比例为 24.14%，占营业收入比例为 33.24%；2022 年 6 月末，应收票据及应收账款合计为 3.357 239 亿元，占流动资产比例为 23.64%，占营业收入比例为 61.46%。而同行业可比上市公司 LJLN 公司 2021 年及 2022 年 6 月末应收票据及应收账款合计占流动资产的比例分别为 14.04%、9.93%，占营业收入的比例分别为 10.23%、17.19%；TCLZH 公司 2021 年及 2022 年 6 月末应收票据及应收账款合计占流动资产的比例分别为 13.05%、15.4%，占营业收入的比例分别为 7.77%、12.74%。标的公司的应收票据及应收账款合计占比远高于前述同行业上市公司。本次交易公告未披露标的公司应收款项的账龄、回收情况及相关保障措施，本次业绩补偿承诺也未考虑标的公司应收款项占比较高的风险，建议 D 公司结合标的公司应收款项的具体情况说明应收款项占比较高的原因，对标的公司持续正常经营的影响及可能带来的风险。

3. 本次交易安排是否合理

D 公司自 2022 年 7 月 26 日发布重大资产重组预案以来，迟迟未见实质性推进，12 月 7 日突然公告终止重大资产重组，变更为现金收购标的公司 60% 的股权。请 D 公司说明产生上述重大变化的原因，是否存在刻意规避审核的情形。

4. 其他问题

《重组预案》披露，D 公司原计划收购标的公司 100% 的股权，本次交易变更为收购标的公司 60% 的股权，建议 D 公司说明是否存在后续收购剩余少数股权的安排。同时，截至 2022 年 9 月末，D 公司货币资金及交易性金融资产合计为 7.875 037 亿元，无法覆盖交易对价 9.6 亿元，建议说明本次交易对 D 公司未来现金流及财务状况的影响。

会上，D 公司认真回复了投服中心的质询及建议，并公告回复如下：

（1）关于标的公司核心竞争力的回复。

光伏行业属于充分竞争市场格局，行业巨头云集，竞争异常激烈，标的公司并非头部核心梯队，但标的企业伴随中国光伏行业发展，穿越了行业牛熊周期较好地生存下来，有其独特的核心优势。据了解，标的企业拥有：

第一，卓越运营、高效执行的公司团队。

标的公司倡导开放包容的企业文化，努力为员工搭建实现个人价值的平台，核心管理层和技术骨干都是公司股东，充分发挥了大家的积极性和创造性。公司凝聚了一大批忠诚、有担当、志同道合、同甘共苦的光伏人才，公司目前有核心技术管理人员 40 多人，平均工龄约 8 年，平均年龄 37 岁，平均从事光伏行业 15 年以上，拥有丰富行业经验和广泛的行业人脉，同客户形成了良好的战略合作关系，为公司的市场开拓与项目拓展打下了良好的基础,能把握好行业的发展动态,对行业发展具有前瞻性预判和应对。

第二,持续领先的技术优势。

截至目前,标的公司已获得专利 69 个,其中发明 8 个,实用新型 61 个,5 个发明专利进入实审阶段。标的公司的硅片切割和多晶铸锭拥有十年以上的技术沉淀,专业度强,处于各自细分领域领先水平。

硅片技术优势:标的公司硅片板块生产技术管理团队成员具有 18 年的太阳能硅片切割经验,目前采用细线化、窄槽距和薄片化等超前切割工艺,目前切割 P 型 210 和 182 片厚度均在 150 μm,生产现场的量产 N 型硅片厚度为 110 μm。标的公司切片现场使用 28 μm 线量产切割,收效良好,逐步推广量产,大大提高产出效能。

在设备选型上,标的公司率先引入某品牌切片机,其设备具备切割线速高、硅棒加载长及适应细线化等特点,此外,硅片清洗、分选设备同时可兼容 166、182、210 及 230 等多种尺寸产品,为不同型号硅片的切换做好铺垫的同时,也顺应了大尺寸硅片的发展趋势。能耗方面,车间动力充分考虑节能降耗要求,通过空压机、冷冻机余热回收,每年可节电约 150 万千瓦时。

铸锭技术优势:首先,标的公司自主开发了铸锭炉连续加料技术,打破了传统的通过坩埚装料、加料的局面。G6 投炉重量达 950 公斤/炉,G7 投炉重 1 200 公斤/炉,平均单炉月产出达 6 500 公斤,使单炉投料量较改造前增加 31%,从而有效地降低铸锭生产和度电成本。其次,标的公司铸锭炉采用两套独立的功率加热单元控制加热方式、真空泵联动、自主设计创新的加热器及热场结构,从而在能耗方面大幅降低,处于行业领先水平。再次,标的公司具备光伏级副产品边角硅料处理及再利用技术。由于多晶硅料端、硅片端、电池端副产品边角硅料存在处理和使用难度,不能直接用于单晶拉晶使用。故单晶企业多采用正品原生硅、颗粒硅等原料用于单晶使用。在不能用于单晶拉晶的副产品边角硅料上,标的公司经过探索和研发,积累了大量的技术和经验,具备该类原料的处理和使用技术,原料成本低。

第三,产品差异化定位下的成本优势。

标的公司将多晶铸锭和单晶拉晶两个独立的生产体系进行有效的衔接融合,通过特有的铸锭炉提纯工艺,将低成本的光伏级副产品边角硅料加工成可直接使用的原料——提纯锭,大幅降低单晶硅片的生产成本,同时将产业链往下游延伸,将硅片委外代工成电池片，走产品差异化路线，为客户提供度电成本最有竞争力的光伏产品，使公司形成独特的差异化竞争优势。综上所述，标的公司具备独特的技术优势和竞争优势，能够支撑其承诺期业绩的持续增长。

（2）关于应收款项占比较高的问题的回复。

应收占比较高的原因是标的公司收到的银行承兑汇票结算较多，符合光伏行业的现状，且不存在较大的结算风险。相关财务数据分析，敬请关注公司后续关于上交所对本次交易问询函的回复，一切以公司指定媒体披露的信息为准。

（3）关于交易安排是否合理的回复。

本次变更交易方案的原因有三个：一是，鉴于对光伏行业发展前景的信心及对标的公司的认同，公司希望通过现金方式收购标的公司控股权，尽快将该业务纳入上市公司体系内，尽快完成对标的公司的整合工作，助力上市公司产业转型和产业布局；二是，较原方案（收购标的公司100%股权），现方案以现金方式收购标的公司60%股权，控股标的公司的同时保留标的公司原股东部分股权，有利于标的公司经营管理，更有利于保护上市公司股东利益；三是，本次交易方案的更改系交易双方真实意愿表达，双方期望通过本次合作实现彼此价值的最大化。本次交易不存在刻意回避审核的情形。

（4）关于其他问题的回复。

本次交易不存在后续收购剩余少数股权的安排。本次交易分三期付款，不会一次性分清，且约50%的尾款是在交割完成后12个月内支付。公司目前银行授信充足，本次交易对公司的现金流不会造成不利影响。敬请关注公司后续关于上交所对本次交易问询函的回复，一切以公司指定媒体披露的信息为准。

案例5　E公司向子公司提供财务资助未按期偿还

2022年4月27日，上市公司E公司公告，拟向其持股49%的控股子公司ZP公司提供总额不超过56亿元的财务资助。但在2022年12月15日，E公司公告，ZP公司难以按期偿还财务资助款52.84亿元（含利息），因此MH公司和MC公司以零元对价将其所持有的ZP公司51%股权转让给E公司，以解决ZP无法偿还财务资助款的问题。在两次事项中，投服中心均进行了行权。

一、相关公司介绍

（一）上市公司基本情况

E公司成立于1996年10月，2002年实现借壳上市，MH公司持股16.17%，为控股股东；刘某某直接及间接持股17.32%，为实际控制人。除实际控制方外，其他股东的持股比例均比较小。

E公司主要从事房地产开发、装配式建筑业务，近年来财务状况和经营情况都不容乐观。一是负债高企、流动性紧张，截至2022年9月底，E公司总资产196.40亿元、净资产21.85亿元，资产负债率为88.88%，其中流动资产142.49亿元、流动负债155.11亿元，流动比率仅为0.92；货币资金3.99亿元、应收账款及票据2.03亿元，合计尚不足以覆盖短期借款（0.16亿元）、应付账款及票据（32.35亿元），部分经营性债务已延迟支付，2022年9月9日公告近12个月累计新增诉讼涉案金额约8.42亿元，原因包括未支付工程款、合同款等。二是已连续多年经营亏损、现金净流出，E公司自2019年经营开始亏损，2019~2021年、2022年1~9月营业收入分别为36.59亿元、42.07亿元、35.60亿元、43.34亿元，净利润分别为-2.08亿元、-4.47亿元、-32.09亿元、-13.86亿元，现金净流入分别为4.67亿元、-2.59亿元、-10.00亿元、-9.30亿元。

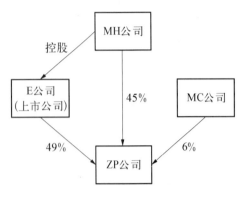

图 1-5-1　ZP 公司股权结构

（二）财务资助对象基本情况

1. 股权结构

ZP 公司成立于 2001 年，原是 MH 公司的全资子公司。2017 年，E 公司和 MC 公司分别对 ZP 公司增资 5.096 亿元和 6 240 万元，各获得 49% 和 6% 股权。E 公司与 MC 公司签署了一致行动人协议，将 ZP 公司纳入了合并报表范围。如图 1-5-1 所示。

2. 经营情况

ZP 公司 2014 年之前主要从事传统建筑施工，也是 E 公司的建筑供应商之一。2014 年之后，大幅缩减传统施工工程项目，转而在装配式建筑领域加大投入。2015~2016 年承建了由 E 公司开发的，湖北省首个高层商住装配式建筑试点项目——名流世家 K2 项目。2018 年以来在全国投资建设智能 PC 工厂，主营业务是为客户提供基于叠合剪力墙技术体系的全方位服务。

ZP 公司截至 2022 年 6 月底总资产 49.26 亿元，净资产为 -28.40 亿元，资不抵债；2020~2021 年及 2022 年上半年营业收入分别为 10.65 亿元、13.31 亿元、4.22 亿元，净利润分别为 -10.29 亿元、-9.42 亿元、-10.26 亿元，经营持续亏损。ZP 公司的财务数据如表 1-5-1 所示。

表 1-5-1　ZP 公司的财务数据

单位：万元

项　　目	2020 年底	2021 年底	2022 年 6 月 30 日
总资产	617 992.02	671 404.63	492 583.86
净资产	-82 117.68	-181 557.11	-283 882.28
项　　目	2020 年度	2021 年度	2022 年 1~6 月
营业收入	106 492.98	133 052.43	42 223.83
净利润	-102 887.75	-99 424.20	-102 619.86

二、提供财务资助时案例分析

2022年4月27日,E公司公告拟于2022年度向ZP公司提供总额不超过56亿元的借款,收取不超过10%/年的资金占用费。投服中心在分析中对E公司目前的财务状况深感担忧,且ZP公司的偿债能力弱,此次财务资助面临较大的风险,因此于2022年5月22日向其发送了股东函:一是建议其明确财务资助利率不低于上市公司融资成本;二是建议上市公司在签订具体借款协议时,约定风险防范措施。

(一)行权内容分析

1. 公司融资成本高,建议明确财务资助利率

截至2021年底,E公司总资产247.83亿元,净资产35.65亿元,资产负债率为85.62%,其中流动资产183.11亿元,流动负债173.46亿元,流动比率仅为1.06;货币资金仅有13.88亿元,尚不足以覆盖短期借款(1.06亿元)和应付账款(31.84亿元),部分经营性债务已延迟支付。E公司负债高企、流动性紧张,经营情况也不容乐观,2021年实现营业收入35.60亿元,同比降低15.37%;净利润为-32.09亿元,已连续三年经营亏损;现金净流出-10亿元,近5年现金净流出共26.89亿元。在上述情况下,E公司自有资金恐难支持56亿元的财务资助金额,势必需要借助对外融资。

根据2021年年报,E公司期末融资余额为37.67亿元,融资成本比较高,其占比较大的融资渠道分别是银行贷款22.10亿元,利率在5%~7.8%之间;非银贷款10.21亿元,利率为11%~14%;信托融资3.00亿元,利率为13.8%;票据融资2.37亿元,利率为2%~10%。此次,E公司提供财务资助的利率为不超过10%,但并未规定利率下限。投服中心请上市公司说明此次提供财务资助的资金来源及利率,建议上市公司在签订具体借款协议时利率不低于前述取得资金的利率,以避免为非全资子公司承担利息。

2. ZP公司履约能力差,建议增加风险防控手段

根据公告,ZP公司的剩余两位股东MH公司、MC公司此次并未提供财务资助。从股权结构上来看,上市公司、MH公司和MC公司分别持有ZP公司49%、45%、6%股权,且MH公司持有上市公司16.17%股权,为上市公司的控股股东,则MH公司直接及间接持有ZP公司52.92%股权。MH公司应当对其发展承担重要

责任，却未提供相应的财务资助。在这种情况下，如果上市公司提供的巨额财务资助缓解了 ZP 公司的财务压力并实现盈利，MH 公司将会是最大获益者；而一旦 ZP 公司无法偿还财务资助金额，上市公司将是最大的利益受损者，MH 公司仅以对上市公司 16.17% 的持股比例受损，上市公司剩余持股超过 80% 的中小股东却承担了绝大部分损失，有失公平。

从财务状况和经营情况来看，ZP 公司截至 2021 年底总资产规模只有 67.14 亿元，净资产为-18.16 亿元，资不抵债；2020 年、2021 年营业收入分别为 10.65 亿元、13.31 亿元，净利润分别为-10.29 亿元、-9.42 亿元，经营亏损。上市公司向其提供财务资助面临着较大的资金无法收回的风险，风险与收益不对等。

同时，按照《深圳证券交易所上市公司规范运作指引》的相关规定，上市公司为其控股子公司提供资金等财务资助，且该控股子公司的其他参股股东中一个或者多个为上市公司的控股股东、实际控制人及其关联人的，该关联股东原则上应当按出资比例提供同等条件的财务资助。

鉴于上述因素，投服中心建议上市公司在签订具体借款协议时，要求 ZP 公司提供质押担保，或者具备良好担保能力的第三方提供信用担保，或者 MH 公司按持股比例提供同等条件的财务资助，以降低此次财务资助的风险。

（二）行权效果情况

E 公司于 5 月 31 日回复了投服中心的股东函，并在 6 月 1 日发布关于财务资助事项的补充公告，称根据深交所规则要求及中小股东的建议，一是明确签订具体借款协议时，借款利率不得低于公司同一时点的平均融资成本；二是明确签订具体借款协议时 ZP 公司须提供相应的质押担保，或具备良好担保能力的第三方提供信用担保；三是鉴于 ZP 公司的其他股东将不能以同等条件或者出资比例向 ZP 公司提供财务资助，其以持有的 ZP 公司股权对上市公司的财务资助提供相应的担保。实际上，因为 ZP 公司已经资不抵债，第三项措施中其他股东以持有的 ZP 公司股权进行担保是无意义的。

三、财务资助无法偿还时案例分析

2022 年 12 月 15 日，E 公司公告拟以 0 元价格受让控股股东 MH 公司持有的

ZP 公司 45%股权及 MC 公司持有的 6%股权,以解决 ZP 公司无法按期偿还上市公司 52.84 亿元财务资助款(含利息)的问题。经分析研究,投服中心认为在 ZP 公司已巨额亏损、资不抵债的情况下,此次收购不利于上市公司继续追偿财务资助欠款,无助于查清巨额财务资助资金的去向和亏损的原因,加重上市公司的风险,损害了上市公司及投资者的权益。投服中心于 2022 年 12 月 29 日采取了公开发声的方式行权,明确反对此次收购,希望上市公司审慎考虑此次收购,呼吁投资者积极行权维权。

（一）行权内容分析

1. ZP 公司是连续巨亏、资不抵债的风险资产

ZP 公司于 2012 年 10 月由 MH 公司独资控股。2017 年 10 月,上市公司通过增资 ZP 公司取得 49%股权。2018~2022 年上半年,ZP 公司的净利润分别为-1.97 亿元、-5.98 亿元、-10.29 亿元、-9.94 亿元和-10.26 亿元,期间累计亏损 38.44亿元。

截至 2022 年 6 月末,ZP 公司净资产为-28.40 亿元,已严重资不抵债。2022 年 6 月末开具的商业承兑汇票有 0.95 亿元逾期未兑付。因生产经营合同纠纷,被无锡、商河、肥西等多地法院强制执行,列为失信被执行人。企查查显示,2020 年以来 ZP 公司涉民事案件 257 起,其中约 94%的案件中为被告身份,已被要求执行及财产保全的金额约 1.18 亿元,尚有 130 余起案件处于民事一审、二审阶段。

2. 未向 MH 公司等追偿前不宜收购 ZP 公司股权

上市公司自 2018 年起持续为 ZP 公司提供财务资助,截至 2022 年 11 月末,累计向 ZP 公司提供财务资助 52.84 亿元(含利息)。MH 公司、MC 公司分别持有 ZP 公司 45%、6%股权,但却未以同等条件按持股比例向 ZP 公司提供财务资助。在目前 ZP 公司无法偿还巨额资助款的情况下,上市公司独自承担了上述损失。为维护上市公司及广大中小股东的利益,建议上市公司按持股比例向 MH 公司及 MC 公司追偿。

如本次收购完成,ZP 公司成为上市公司的全资子公司,从财务报表上"解决"了 ZP 公司无法按期偿还上市公司 52.84 亿元财务资助款的问题,但上市公司并未得到任何还款,反而极有可能丧失了追偿权利。

3. 收购股权将进一步增加上市公司风险

收购 ZP 公司剩余股权后,上市公司将承担 ZP 公司的所有风险。一是面对 ZP

公司逾期的无法兑付的商业承兑汇票和200多件为被告的司法案件，另两位股东MH公司和MC公司因将资产转让可以不再承担风险处置的责任，上市公司却要投入大量的人力物力解决其债务和涉诉问题。二是ZP公司业务发展一直不及预期，始终无法盈利且亏损不断扩大，已严重资不抵债。如本次收购完成，ZP公司的亏损将全部由上市公司承担，按2022年半年度财务报告数据简单计算，上市公司2022年上半年归属于母公司所有者的净利润将减少约5.23亿元，归属于母公司的所有者权益将减少约14.48亿元。

4. 应查清52.84亿元财务资助资金具体去向和ZP公司巨亏原因

不到5年时间，上市公司52.84亿元财务资助资金被ZP公司消耗一空，上市公司和广大投资者遭受了巨额损失。上市公司应组织中介机构对其进行全面审计，向投资者详细披露资金去向和亏损原因，保障投资者的知情权，并履行挽回损失等职责，减少投资者损失，而不是通过此次股权收购抹平一切。

投服中心希望上市公司在全面完整披露ZP公司经营信息的基础上，审慎考虑此次收购，呼吁投资者积极行权维权。

（二）行权效果情况

在2022年12月30日召开的E公司股东大会上，E公司受让ZP公司剩余51%股权议案以57.71%的微弱多数获得通过。虽然股东大会没能否决该议案，但公开发声仍取得了一定的积极效果。

1. 给上市公司反思失败的教训、改善后续经营施加了一定的压力

此次公开发声后，除四大证券报外，东方财富网、新浪财经、红周刊、全景网、凤凰网等20余家媒体进行了报道与转载，使上市公司受到强大的舆论压力。公开发声当天，E公司主动联系投服中心，表示按照规定已来不及取消股东大会，只能照常推进，反思公司失败的教训是过于激进而又执着地推行装配式建筑业务，在市场不好时没有及时止损，后续将对投资者充分释疑。

2. 强化了监管合力建设

公开发声前，投服中心将公开发声事项向E公司所属派出机构、交易所进行了通报，双方均表示支持投服中心的行权行动。在公开发声的当日中午，交易所向E公司下发了关注函，要求其说明在ZP公司大额亏损且资不抵债的情形下收购剩余股权的必要性，本次交易的定价依据，对上市公司主要财务指标的影响，以及财务

资助资金的主要用途等。

3. 形成了示范效应

此次公开发声引起了广大中小投资者的共鸣,起到了示范引领效果。一是投资者评论积极正面。2022年12月29日至12月30日(股东大会召开日)期间,本次公开发声相关新闻的阅读点击量超过3万次,投资者评论200余条,约98%的投资者认同投服中心的观点,表示会投票反对,2名投资者在交易所互动平台上就公开发声中关注的事项向上市公司进行了问询。二是中小投资者响应积极、踊跃参会。此次股东大会参会投票股东共163人,其中中小股东共157人,为近三年来E公司中小股东参会人数之最。经统计,除此次股东大会外,E公司近三年共召开8次股东大会,其中中小股东参会人数最多108人,最少4人,平均为27人。在此次参会投票前,3名投资者自发在东方财富股吧里发布网络投票操作方法,向投资者示范如何投票。参会投票后,7名投资者将投票截图上传股吧,其中有投资者表示是第一次行使股东权利。三是在投票结果方面,虽然该议案获得了通过,但同意比例仅为57.71%,远低于同次股东大会审议的另外三项议案的同意比例。投票结果显示,另外三项议案,表决同意的比例均超过96%,其中中小股东表决同意的比例超过80%。由此可见,在此次股东大会的表决中,有相当数量的中小投资者理性地行使了自身的股东权利,股东权利意识进一步觉醒。

案例 6 F 公司资产置换的关联交易

2022 年 1 月,F 公司公告了《重大资产置换及发行股份购买资产并募集配套资金暨关联交易预案》(以下简称《重组预案》),拟将其持有的 WL 公司 100% 股权,与 TZSY 公司、邱某某等 21 名交易对方合计持有的 TR 公司 48.95% 股权的等值部分进行置换,两者的差额部分由 F 公司发行股份向全体交易对方购买。同时,F 公司拟募集配套资金不超过 1.5 亿元用于对 TR 公司增资以实施其在建项目。增资完成后,公司对 TR 公司的持股比例将不低于 51%。

一、案 例 简 介

（一）F 公司基本情况

F 公司设立于 1992 年 7 月,于 1994 年 3 月在上海证券交易所主板上市交易。发布《重组预案》时,F 公司股价为 21.54 元/股,总股本为 153 287 400 股,总市值约 33.02 亿元。在本次交易前,F 公司控股股东 JTX 公司,实际控制人为莫某某。莫某某通过其控制的主体合计持有 F 公司 28.67% 的股份表决权,其中直接持有 F 公司 22.10% 股份,同时以接受表决权委托的方式持有 F 公司 6.57% 的股份表决权。

F 公司主要从事铅酸电池的研发、生产及销售,产品主要应用于汽车起停领域。其最近三年的财务状况和经营成果如表 1 - 6 - 1 所示。

表 1 - 6 - 1 F 公司基本财务指标

单位: 万元

项　　目	2021 年 9 月 30 日	2020 年 12 月 31 日	2019 年 12 月 31 日	2018 年 12 月 31 日
总资产	74 096.12	75 896.91	75 405.54	75 910.39
总负债	5 079.44	6 402.10	6 313.01	7 708.57

项　目	2021年9月30日	2020年12月31日	2019年12月31日	2018年12月31日
股东权益	69 016.69	69 494.81	69 092.53	68 201.82

项　目	2021年1~9月	2020年	2019年	2018年
营业收入	41 912.83	58 710.78	55 161.16	58 090.95
利润总额	−478.12	402.28	890.71	−15 625.74
净利润	−478.12	402.28	890.71	−15 640.00

（二）标的资产基本情况

本次重组交易中,拟置出资产为 WL 公司 100%股权,拟置入资产为 TR 公司 48.95%股权。

1. WL 公司 100%股权

WL 公司设立于 2021 年 6 月,其主要承接了 F 公司既有铅酸电池业务相关的全部资产及负债,主营业务为铅酸电池产品的研发、生产及销售。WL 公司铅酸电池产品的主要原材料为铅及铅合金,下游客户主要包括汽车生产厂商以及轻型电动车、储能电池厂商等,其利润主要来源于铅酸电池产品销售收入与生产成本之间的差价。WL 公司最近一期未经审计的财务状况和经营成果如表 1-6-2 所示。

表 1-6-2　WL 公司基本财务指标

单位:万元

项　目	2021年9月30日
总资产	76 810.73
总负债	7 391.77
股东权益	69 418.96
项　目	2021年1~9月
营业收入	41 912.83
净利润	−402.85

注:上述 2021 年 1~9 月损益数据为 F 公司铅酸电池业务的整体经营成果

2. TR 公司 48.95% 股权

TR 公司于 2007 年 3 月成立，主要从事锂电池正极材料磷酸铁锂的研发、生产及销售，下游客户主要为新能源汽车动力电池和储能电池厂商，其通过销售磷酸铁锂产品实现盈利。其最近两年一期的财务状况和经营成果如表 1-6-3 所示。

表 1-6-3　TR 公司基本财务指标

单位：万元

项　　目	2021 年 11 月 30 日	2020 年 12 月 31 日	2019 年 12 月 31 日
总资产	82 238.70	57 587.24	66 828.06
总负债	54 941.57	33 595.35	42 782.76
股东权益	27 297.13	23 991.89	24 045.30
项　　目	2021 年 1~11 月	2020 年	2019 年
营业收入	46 642.73	23 127.41	22 451.29
净利润	5 022.43	107.80	2 364.93

注：以上财务数据未经审计

（三）资产重组草案精要

1. 资产置换及发行股份收购 TR 公司

F 公司拟以资产置换方式收购 TR 公司 48.95% 股权，置出置入资产的差额部分将以发行股份方式进行募资及支付。拟置出资产为 WL 公司 100% 股权（即 WL 所承接 F 公司既有铅酸电池业务相关的全部资产及负债），本次交易拟置出资产的预估值为 6.8 亿元。拟置入资产为 TR 公司 48.95% 股权，其预估值为 11.504 284 亿元（对应 TR 公司 100% 股权的预估值为 23.5 亿元）。针对置入资产和置出资产的差额部分（预估值为 4.704 284 亿元），由 F 公司发行股份向全体交易对方购买。截至本预案签署日，本次交易相关的审计、评估工作尚未完成，以上置出资产和置入资产的交易作价仅为预估值。最终交易作价将以 F 公司聘请的符合《证券法》规定的评估机构对置出资产和置入资产截至评估基准日进行评估而出具的评估报告确定的评估值为依据，由交易双方协商确定，并将在《重组报告书》中进行披露。

同时,F公司拟向不超过35名特定投资者非公开发行股份募集配套资金不超过1.5亿元,募集配套资金总额不超过本次交易中发行股份购买资产交易价格的100%,且发行股份数量不超过本次交易前F公司总股本的30%。经交易各方友好协商,本次发行股份购买资产的发行价格为14.32元/股。

本次募集配套资金在支付中介机构费用后,将对TR公司进行增资,用于TR公司的在建项目。增资价格将根据本次交易确定的TR公司最终交易价格确定,增资完成后F公司对TR公司的持股比例将不低于51%。

2. 本次交易构成重大资产重组及关联交易

根据F公司经审计的2020年度财务数据、标的资产拟作价情况,本次交易预计将构成重大资产重组。由于本次交易对方之一的TZSY公司系F公司的全资子公司,为F公司关联方,根据《上市公司重大资产重组管理办法》《上海证券交易所股票上市规则》等法律法规及规范性文件的规定,本次交易构成关联交易。

二、案 例 分 析

(一)行权过程

2022年3月,投服中心通过发送股东函件方式行权,对F公司本次置入资产(即TR公司)剩余股权的收购安排提出质询和建议。

(二)行权内容分析

预案显示,本次交易各方签署了《重大资产置换及发行股份购买资产协议》并做出如下约定:① 如果TR公司在业绩承诺期内累计实现净利润不低于累计承诺净利润即6亿元,且完成业绩补偿义务,F公司应在会计师事务所出具2024年度业绩承诺实现情况审核报告、完成业绩补偿义务以及本次发行股份购买资产部分的股份登记完成后36个月的孰晚时点后12个月内,以发行股份或支付现金等方式收购NF公司、XZ公司持有的TR公司全部剩余股权。② F公司届时收购所对应的TR公司整体估值不低于其2024年度经审计的扣除非经常性损益后归属于母公司股东净利润的11.75倍,最终估值作价应以符合《证券法》规定的资产评估机构出具的资产评估报告为准。如果F公司未能在上述条件和期限内启动交易,需向NF公司、XZ公司支付等同于TR公司剩余股权估值20%的违约金。

首先，TR 公司所处行业的市场需求受宏观经济波动的影响较大。若宏观经济环境出现不利变化将对锂离子电池行业产生较大影响，进而导致 TR 公司的经营业绩发生波动。其次，目前的产业政策对新能源汽车和储能领域给予了大力支持，促进了锂离子电池产品需求快速增长，并带动上游锂电池正极材料磷酸铁锂行业的快速发展。在众多正极材料厂商加大投资力度、扩大生产规模的同时，也吸引了较多新进竞争者。若未来下游终端市场的需求增速不及预期，而主要磷酸铁锂生产企业的产能扩张过快，行业可能出现产能过剩风险。除上述风险因素外，TZ 公司更面临所处行业主要技术路线发生变化的可能。若未来行业中出现在储能效率、安全性能、生产成本等方面更具优势的新材料和新技术，可能将对其市场竞争力与持续盈利能力产生重大不利影响。据此，投服中心请 F 公司说明一旦 TR 公司所处行业未来出现替代性或颠覆性技术路线的情形，签署上述违约金的相关条款是否妥当。投服中心建议公司按照审慎原则修改相关条款，切实维护公司及股东利益。

（三）行权效果

2022 年 3 月，F 公司以公告形式回复了投服中心的问题，回复内容较为详细。

一是关于收购置入资产剩余股权安排的背景和具体约定，F 公司表示本次交易完成后，F 公司将持有 TR 公司不低于 51% 股权，而剩余股权由 NF 公司、XZ 公司持有。一方面，作为本次置入资产 TR 公司的少数股东，NF 公司、XZ 公司所持有的 TR 公司剩余股权难以通过 IPO 或第三方并购等方式提高流动性，具有向 F 公司出售 TR 公司剩余股权的现实需求。另一方面，F 公司虽然取得 TR 公司控制权，但为更好地通过输出管理、资金等方式推动 TR 公司快速发展，进一步提高 F 公司盈利能力，亦具有提高 TR 公司持股比例的需求。基于这两方面原因，F 公司与交易对方达成了收购 TR 公司剩余股权的初步意向。

二是关于一旦 TR 公司所处行业未来出现替代性或颠覆性技术路线情形，签署违约金相关条款是否妥当的问题，F 公司表示根据《重大资产置换及发行股份购买资产协议》约定，交易对方承诺 TR 公司 2022～2024 年实现的扣除非经常性损益后归属于母公司股东净利润分别不低于 1.5 亿元、2 亿元、2.5 亿元，承诺期平均净利润为 2 亿元。本次交易中 TR 公司 100% 股权预估值为 23.5 亿元，对应承诺期平均净利润的市盈率为 11.75 倍。后续收购 TR 公司剩余股权的估值倍数仅为交易双方参考本次交易预估值而确定的意向估值水平，最终估值作价将以资产评估机构届时出具的资产评估报告为准。如果在启动收购剩余股权的时点,TR 公司所处锂电池正极材料领域出现替代性或颠覆性技术路线,对 TR 公司产品技术及未来经营前景造成不利影响,评估机构将在评估时充分考虑相关事项的影响,F 公司亦将督促评估机构严格依据评估准则,根据 TR 公司届时的经营情况确定剩余股权的最终估值,保证估值作价的公允性,以保护 F 公司利益。

同时,根据《重大资产置换及发行股份购买资产协议》约定,在相关条件成就的前提下,F 公司的履约义务为在约定期限内按照意向估值水平启动收购剩余股权的交易,启动交易即视为 F 公司已履约,无需承担违约责任。启动交易后,F 公司仍需根据届时的市场情况以及与交易对方协商确定的具体收购方式(如发行股份或支付现金等),并按照相关法律法规及规范性文件的规定履行相关审议、审批、备案及信息披露程序。

此外,F 公司表示签署《重大资产置换及发行股份购买资产协议》仅为本次交易预案阶段协议,F 公司将在本次交易的审计、评估工作完成后,与交易对方协商确定本次交易的正式方案并签署补充协议。F 公司也将在补充协议的沟通和签署过程中充分考虑投服中心的质询建议,进一步维护公司及股东利益。

(四)后续进展

2023 年 2 月,F 公司董事会、监事会审议通过了《关于终止重大资产置换及发行股份购买资产并募集配套资金暨关联交易事项的议案》,同意终止本次重大资产重组事项,并以网络互动方式召开了终止重大资产重组投资者说明会。

案例 7　G 公司资产收购的关联交易

2022 年 3 月，G 公司公告了《发行股份及支付现金购买资产并募集配套资金暨关联交易预案》（以下简称《交易预案》），拟通过发行股份及支付现金方式收购 YYYW100% 股权。本次交易构成关联交易。

一、案　例　简　介

（一）上市公司基本情况

G 公司成立于 2006 年 9 月，于 2021 年 6 月在上海证券交易所科创板上市交易。发布《交易预案》时，G 公司股价为 173.99 元/股，总股本为 74 342 007 股，总市值 129.34 亿元。

G 公司主营业务为小分子药物发现领域的分子砌块和工具化合物的研发，以及小分子药物原料药、中间体的工艺开发和生产技术改进，为全球医药企业和科研机构提供从药物发现到原料药和医药中间体的规模化生产的相关产品和技术服务。其最近三年一期的财务状况和经营成果如表 1－7－1 所示。

表 1-7-1　G 公司基本财务指标

单位：万元

项　　目	2021 年 9 月 30 日	2020 年 12 月 31 日	2019 年 12 月 31 日	2018 年 12 月 31 日
总资产	216 674.09	85 684.34	54 248.58	30 447.76
总负债	39 000.64	32 903.37	14 275.20	12 682.27
股东权益	177 673.45	52 780.97	39 973.38	17 765.49

项　　目	2021 年 1~9 月	2020 年度	2019 年度	2018 年度
营业收入	69 607.65	63 510.07	40 896.90	30 019.51
利润总额	16 993.44	14 861.38	8 435.7	2 400.24
净利润	14 392.70	12 843.33	7 342.96	1 841.42

（二）标的公司基本情况

本次交易中，标的公司设立于 2003 年，主营业务聚焦于原料药、制剂的药学工艺研发、注册和产业化服务（CMC）。其最近两年的财务状况和经营成果如表 1－7－2 所示。

表 1－7－2　标的公司基本财务指标

单位：万元

项　　目	2021 年 12 月 31 日	2020 年 12 月 31 日
总资产	13 211.28	8 487.17
总负债	7 449.74	3 925.32
股东权益	5 761.54	4 561.85
项　　目	2021 年	2020 年
营业收入	8 167.48	5 625.07
利润总额	1 388.27	187.11
净利润	1 054.74	170.69

（三）本次交易预案精要

1. 发行股份支付现金收购标的公司

G 公司拟发行股份及支付现金购买 YYYW100% 股权。交易标的资产的交易价格尚未最终确定，预计不超过人民币 4.2 亿元。

2. 本次交易构成关联交易

本次发行股份募集配套资金的发行对象为公司控股股东，因此本次发行股份募集配套资金事项构成关联交易。

二、案例分析

（一）行权过程

2022 年 3 月,投服中心给 G 公司发送《股东质询建议函》,对标的公司收购前业绩突增、业绩承诺方案的合理性以及标的公司核心竞争力进行质询。

（二）行权内容分析

1. 建议公司补充说明标的公司收购前业绩突增的理由

预案披露,标的公司主营业务为提供原料药、制剂药学工艺研发、注册和产业化服务,标的公司 2020 年及 2021 年的营业收入分别为 5 625.07 万元、8 167.48 万元,归母净利润分别为 170.69 万元及 1 054.74 万元,2021 年营业收入、归母净利润分别同比增长 45.2%、517.9%,存在业绩大幅增长现象。依据 Wind 行业中心的数据,医药研发外包 CRO 行业 2018~2020 年的营业收入增长率稳定在 24.88%~29%之间,净利润增长率除 2020 年为 307.63%外均未出现大幅增长态势。除此之外,依据 CRO、CMC 行业可比公司凯莱英、康龙化成及药明康德已发布的 2021 年业绩预告,虽然前述可比公司普遍披露 CDMO 等业务订单增长,业务收入稳步增长,归母净利润同比增长比例预计在 35%~70%之间,但均未出现类似标的公司 2021 年度归母净利润爆发式增长的情形。本次交易预案未披露标的公司报告期内出现业绩突增的原因。依据同行业可比公司药明康德、美迪西、康龙化成的招股说明书,CRO 或 CMC 行业的收入确认及结算模式主要分为 FFS 模式(客户定制服务,即一般基于单项合约、里程碑或研发季度,在履行义务得以满足时确认收入)和 FTE 模式(全时当量服务,根据记录的实际工时乘以合同约定的全时当量劳务费率确认收入),不同的收入确认模式将对标的公司当期收入及利润水平产生重要影响。目前交易预案尚未披露标的公司的收入确认方式,建议公司结合标的公司在手订单变动情况、收入结算模式、下游需求的景气度等方面在交易草案中补充披露标的公司 2021 年业绩突增的原因,并详细论证影响业绩大幅增长的这种因素在以后经营期间是否可持续。

2. 本次交易业绩承诺安排是否合理

预案披露,本次交易业绩承诺方王元、上海源盟、启动源力承诺标的公司 2022~

2024 年净利润将分别不低于 2 000 万元、2 600 万元及 3 800 万元,合计不低于 8 400 万元。以标的公司 2020 年归母净利润 170.69 万元计算,标的公司 2020~2024 年承诺的净利润复合年均增长率高达 117.22%。而 Frost & Sullivan 数据显示,预计中国 CRO 行业 2019~2024 年的复合年均增长率为 26.5%,其中药物发现领域为 26%、临床前领域为 18.2%、临床领域为 30%,远低于标的公司承诺的业绩增速。本次业绩承诺以交易对方取得的新增股份进行补偿,不足部分由承诺方现金补偿。依据交易方案,本次交易承诺方王元、上海源盟及启动源力三方取得的股份支付对价合计为 2.559 7 亿元,占交易对价 4.2 亿元的比例为 60.9%,未覆盖全部对价。考虑到本次交易标的公司的业绩承诺额设置相对较高,为增加业绩补偿方案的安全性,建议公司考虑将股份对价未覆盖的现金补偿部分增设履约保障措施。此外,CRO 行业企业的研发能力、核心研发人员或团队的稳定性对该行业企业的业绩起决定性作用,建议公司考虑除设置净利润等财务指标外,是否可以在业绩补偿方案中增加核心研发人员离职率等非财务考核指标。

3. 建议在交易草案中补充披露标的公司的核心竞争力

本次交易预案对标的公司在 CMC 领域的技术优势、主要下游客户情况、产能及产能利用率等有关核心竞争力的内容未做具体描述。为帮助投资者更全面地了解标的公司的业务实力,对本次交易理性决策,建议公司在不涉及商业机密的前提下,在交易草案中补充披露标的公司反应釜的设计容量、现有产能利用率、已研发平台(如药学研发技术平台、制剂生产技术平台等)在相关业务领域内的技术优势、下游主要客户的情况、合作背景或服务模式,往常的药剂研发成功率及各类药剂研发成功所花费的平均时限等内容,让广大投资者充分了解标的公司的核心竞争力。

同月,G 公司通过函复的形式回复了投服中心的质询和建议,并对相关情况进行了详细说明。

案例 8　H 公司收购 5 家康复医院的关联交易

2022 年 3 月,H 公司公告了《关于收购 5 家康复医院有限公司 100%股权暨关联交易的公告》(以下简称《关联交易公告》),拟以自有资金收购 5 家康复医院,交易对价合计 8.44 亿元,本次交易构成关联交易。

一、案 例 简 介

(一) 上市公司基本情况

H 公司成立于 2007 年 2 月,于 2011 年 6 月在上海证券交易所主板上市交易。发布关联交易公告时,H 公司收盘价为 9.81 元/股,总股本为 1 408 654 553 股,总市值 138.19 亿元。H 公司的第一大股东为 AKS 集团有限公司,持股比例 33%,实际控制人为郑某江。

H 公司主要从事智能配用电、医疗服务两个板块业务。智能配用电板块,H 公司是我国领先的智能配用电整体解决方案提供商。医疗服务板块,主要业务为医院的建设、运营、投资并购,以及医疗融资租赁等业务。H 公司自 2015 年开始在医疗服务领域进行产业布局,经过多年发展,形成良好的连锁化医院管理运营体系,并逐步在重症康复领域积累口碑和竞争优势。发布《关联交易公告》时 H 公司拥有 8 家医院,其中 6 家医院通过收购获得。

H 公司最近两年一期的财务状况和经营成果如表 1-8-1 所示。

(二) 标的公司基本情况

本次关联交易中,共有 5 家标的公司,均为康复医院。具体情况如表 1-8-2 所示。

表 1-8-1　H公司基本财务指标

单位：万元

项　　　目	2022 年 9 月 30 日	2021 年 12 月 31 日	2020 年 12 月 31 日
总资产	1 600 489.60	1 486 532.20	1 369 627.82
总负债	663 654.93	592 628.29	491 133.83
股东权益	936 834.67	893 903.91	878 493.99
项　　　目	2022 年 1~9 月	2021 年	2020 年
营业收入	690 146.22	702 290.25	709 270.90
利润总额	85 051.93	84 681.31	118 853.27
净利润	71 160.35	70 760.94	96 087.91

表 1-8-2　5 家标的公司交易对价及交易对手方情况

编　号	标的公司	交易对价(亿元)	交易对手方
1	A 康复医院	2.1	KJ(有限合伙)持股 70%、ZJ(有限合伙)持股 30%
2	B 康复医院	1.8	KF(有限合伙)持股 70%、ZSH(有限合伙)持股 30%
3	C 康复医院	1.6	KR(有限合伙)持股 70%、ZX(有限合伙)持股 30%
4	D 康复医院	1.82	KY(有限合伙)持股 70%、ZS(有限合伙)持股 30%
5	E 康复医院	1.12	KS(有限合伙)持股 70%、ZY(有限合伙)持股 30%

　　H 公司子公司 AKS 投资管理有限公司在 AKSK 医疗投资合伙企业(有限合伙)(以下简称 AKSK)投资决策委员会中委派了 1 名委员,故 AKSK 为公司关联方。KY、KJ、KS、KF、KR 均系 AKSK 设立的子基金,故均为公司关联方。同时 ZS、ZJ、ZY、ZSH、ZX 的执行事务合伙人何某万系 H 公司实际控制人郑某江配偶的兄弟,故均为公司关联方。

5 家标的公司具体情况如下：

1. A 康复医院

A 康复医院成立于 2017 年 11 月，开业时间 2018 年 10 月（医保 11 月开通），二级康复医院，经营范围包括康复、体检、养老服务，由 KJ 公司和 ZJ 公司出资设立，注册资本 8 600 万元。于 2018 年 8 月获得医疗机构执业许可证，有效期自 2018 年 8 月至 2033 年 8 月。A 康复医院近两年主要财务数据如表 1-8-3 所示。

表 1-8-3 A 康复医院近两年主要财务数据

单位：万元

项　　目	2020 年 12 月 31 日	2021 年 12 月 31 日
资产总计	12 081.14	13 890.95
负债总计	3 957.82	4 870.78
所有者权益总计	8 123.33	9 020.17
项　　目	2020 年度	2021 年度
营业收入	12 736.01	10 912.69
营业成本	7 928.98	7 121.51
净利润	1 919.12	1 114.87

公司披露，A 康复医院 2021 年净利润下滑原因为：2021 年由于受到疫情影响，及院方主动调整业务结构，病床有效使用率降低至 65%。2021 年 12 月末占床数量已达 301 张，病床有效使用率已经恢复到 85%。后随着 2024 年新病区 30 张床位投入运营，占床数量提升至 321.85 张。后续收入增长主要源于第八病区开设以及发挥重症学科特色，持续提高医疗技术及服务质量，加大重症康复占比，加快病床周转率等各种措施，将病床日均费用恢复至 2020 年度水平。

截至评估基准日 2021 年 12 月 31 日，以收益法评估结果作为最终评估结论，A 康复医院的评估基准日净资产账面价值为 9 020.17 万元，评估后股东全部权益价值为 2.1 亿元，评估增值率 132.81%。A 康复医院 2022~2026 年盈利预测情况如表 1-8-4 所示。

表 1-8-4 A 康复医院盈利预测情况

单位:万元

项　　目	2021（历史）	2022	2023	2024	2025	2026
营业收入	10 912.69	12 271.16	13 125.58	14 485.14	14 923.49	15 375.24
净利润	1 114.87	1 494.54	1 694.10	1 965.82	1 972.27	1 980.09
毛利率	35%	33%	33%	34%	33%	33%

2. B 康复医院

B 康复医院 2017 年 9 月设立,2018 年 9 月开始营业,2020 年 4 月开通医保,为二级康复医院。公司注册资本 7 500 万元,由 KF 公司出资设立。于 2018 年 10 月获得医疗机构执业许可证,有效期自 2018 年 8 月至 2033 年 8 月。B 康复医院近两年主要财务数据如表 1-8-5 所示。

表 1-8-5 B 康复医院近两年主要财务数据

单位:万元

项　　目	2020 年 12 月 31 日	2021 年 12 月 31 日
资产总计	5 309.57	11 370.90
负债总计	1 945.20	6 928.68
所有者权益总计	3 364.38	4 442.22
项　　目	2020 年度	2021 年度
营业收入	2 949.73	8 875.95
营业成本	2 644.22	4 605.76
净利润	-1 014.17	1 071.93

截至评估基准日 2021 年 12 月 31 日,以收益法评估结果作为最终评估结论,B 康复医院的评估基准日净资产账面价值为 4 442.22 万元,评估后股东全部权益价值为 1.8 亿元,评估增值率 305.2%。B 康复医院 2022~2026 年盈利预测情况如表

1－8－6 所示。

表 1－8－6　B 康复医院盈利预测情况

单位：万元

项　目	2021（历史）	2022	2023	2024	2025	2026
营业收入	8 875.95	10 320.89	11 851.97	13 032.65	13 740.45	14 634.38
净利润	1 071.93	1 494.71	1 724.17	1 971.52	2 005.25	2 022.32
毛利率	48%	45%	45%	45%	45%	44%

2021 年 B 康复医院占床数量在不断提升中，2021 年病床有效使用率为 62.45%（年平均值），至 2021 年末病床使用率已大幅提高至 80% 以上。预测年度病床有效使用率在 72%~82% 之间逐步提高，与全国二级医院平均病床使用率数据相近。2022 年预测日均占床数 244 张是与 2021 年 12 月末情况相符的。预计 2023 年新开病区，增加床位 30 张，由于总床位数增加 30 张，相应提升了日均占床数。

3. C 康复医院

C 康复医院成立于 2018 年 2 月，是以康复和护理为特色的二级专科医院。由 KR 公司和 ZX 公司共同出资组建，注册资本 7 500 万。于 2019 年 7 月取得医疗机构执业许可证，有效期自 2019 年 7 月至 2024 年 7 月。C 康复医院近两年主要财务数据如表 1－8－7 所示。

表 1－8－7　C 康复医院近两年主要财务数据

单位：万元

项　目	2020/12/31	2021/12/31
资产总计	6 590.43	9 865.92
负债总计	1 480.28	4 688.90
所有者权益总计	5 110.15	5 177.01

续表

项　　目	2020 年度	2021 年度
营业收入	2 285.78	5 343.58
营业成本	3 170.25	5 019.27
净利润	−626.53	194.90

　　截至评估基准日 2021 年 12 月 31 日,以收益法评估结果作为最终评估结论,C 康复医院的评估基准日净资产账面价值为 5 177.01 万元,评估后股东全部权益价值为 1.6 亿元,评估增值率 209.06%。C 康复医院 2022～2026 年盈利预测情况如表 1-8-8 所示。

表 1-8-8　C 康复医院盈利预测情况

单位：万元

项　　目	2021（历史）	2022	2023	2024	2025	2026
营业收入	5 343.58	9 115.24	9 655.53	10 328.62	10 718.69	11 868.98
净利润	194.90	1 083.86	1 205.57	1 138.50	1 320.87	1 541.14
毛利率	40%	38%	37%	37%	39%	39%

　　截至 2021 年 12 月,单月占床数量为 138 张。C 康复医院已和当地多家医院达成双向转诊协议,后续日占床数仍会保持增加,因此未来年度日均床位数预计持续增加,床日费在 2021 年度的基础上考虑小幅增长。2022 年床日均费用增长较多,主要是 2022 年床日均费用较高的重康病区(HDU 及 ICU)使用率提高所致,永续年病床有效使用率为 80%,符合目前湖南地区平均水平。

　　4. D 康复医院

　　D 康复医院成立于 2017 年 11 月,2019 年 6 月开业,同年 7 月开通医保,属于二级康复专科医院。由 KY 公司和 ZS 公司共同出资组建,注册资本 8 800 万。于 2019 年 4 月获得医疗机构执业许可证,有效期自 2019 年 4 月至 2034 年 4 月。D 康复医院近两年主要财务数据如表 1-8-9 所示。

表 1-8-9　D 康复医院近两年主要财务数据

单位：万元

项　　目	2020/12/31	2021/12/31
资产总计	9 936.22	16 397.50
负债总计	3 606.42	10 272.22
所有者权益总计	6 329.80	6 125.27
项　　目	2020 年度	2021 年度
营业收入	5 105.84	8 292.97
营业成本	3 733.98	5 731.39
净利润	−305.90	20.76

　　截至评估基准日 2021 年 12 月 31 日,以收益法评估结果作为最终评估结论,D 康复医院的评估基准日净资产账面价值为 6 125.27 万元,评估后股东全部权益价值为 1.82 亿元,评估增值率 64.55%。D 康复医院 2022~2026 年盈利预测情况如表 1-8-10 所示。

表 1-8-10　D 康复医院盈利预测情况

单位：万元

项　　目	2021（历史）	2022	2023	2024	2025	2026
营业收入	8 292.97	9 671.07	11 249.92	13 223.97	14 412.97	15 497.02
净利润	20.76	1 297.45	1 497.55	1 706.65	1 991.68	2 249.09
毛利率	31%	37%	37%	38%	39%	39%

　　D 康复医院的 8~12 楼在评估基准日尚处于空置状态,未来预计能增加 3 个病区,增加床位 158 张。2022 年日均占床数增长约 28 张,增长原因为总床位数增长 56 张,相应提升了日均占床数。2021 年病床有效使用率为 80%,预测年度病床有效使用率随着总床位数增加,至永续年保持在 84%,与全国二级医院平均病床使用

率数据及 2021 年 D 康复医院病床使用率数据相近。

5. E 康复医院

E 康复医院成立于 2020 年 2 月,是以康复和护理为特色的二级专科医院,由 KS 公司和 ZY 公司共同出资组建,注册资本 2 500 万元。E 康复医院近两年主要财务数据如表 1-8-11 所示。

表 1-8-11　E 康复医院近两年主要财务数据

单位:万元

项　　目	2020 年 12 月 31 日	2021 年 12 月 31 日
资产总计	1 949.40	5 165.82
负债总计	726.34	3 227.25
所有者权益总计	1 223.06	1 938.57
项　　目	2020 年度	2021 年度
营业收入	25.09	2 422.04
营业成本	225.16	1 868.28
净利润	-276.94	-269.87

截至评估基准日 2021 年 12 月 31 日,以收益法评估结果作为最终评估结论,E 康复医院的评估基准日净资产账面价值为 1 938.57 万元,评估后股东全部权益价值为 1.12 亿元。E 康复医院 2022~2026 年盈利预测情况如表 1-8-12 所示。

表 1-8-12　E 康复医院盈利预测情况

单位:万元

项　　目	2021（历史）	2022	2023	2024	2025	2026
营业收入	2 422.04	5 925.68	7 057.17	7 864.59	7 978.50	8 570.49
净利润	-269.87	689.62	788.55	978.78	1 085.59	1 326.05
毛利率	23%	35%	37%	38%	39%	41%

E 康复医院目前有康复 1~3 病区及 ICU 病区，康复 3 区为 2021 年 8 月新开，ICU 病区为 2021 年 10 月新开，故导致 2021 年度占床数量年化数据较低，截至 2021 年 12 月单月占床数量为 130 张。2021 年度年化床位利用率为 27%，主要是开业时间较短及将康复 3 区和 ICU 占床数量年化计算所致，其中 2021 年 10 月、11 月、12 月床位利用率分别为 37.0%、44.4%、48.2%，预测年度 2022 年整年总床利用率为 58%，较 2021 年 12 月份利用率增加 9.8%，增速低于 2021 年每月平均增速 21%，另 2026 年病床利用率为 89%，与公布的其所在地的专科-康复医院病床使用率基本相符。

二、案 例 分 析

（一）行权过程

2022 年 4 月，投服中心向 H 公司发送股东建议函，建议 H 公司控股股东增加承诺。

（二）行权内容分析

5 家标的医院的主要收入均来自住院收入。评估报告在预测住院收入时系以占床数量（日均占床）、床日均费用为基础，但标的公司披露的主管部门批准床位与预测住院收入时使用的开放床位相比有较大差异，对此，标的医院出让方作出如下相关承诺："若因医院开放床位超出核定床位而被卫生主管单位行政处罚的，交易出让方在收到标的医院书面通知并确认属实后 15 个工作日内，以现金方式将所涉所有赔偿金额按各自持股比例补偿给标的医院；若医院被卫生主管单位责令改正导致医院床位减少，人员成本增加，从而影响医院评估值的，所涉估值差额部分，由交易出让方在评估报告出具后 15 个工作日内，按各自持股比例以现金方式补偿给收购方。如在业绩承诺期内与业绩承诺所涉补偿金额重复，则不予重复计算。"H 公司控股股东 ASK 集团有限公司已出具承诺函，将对业绩补偿承诺履行相应补充义务。鉴于上述情况，投服中心建议 H 公司控股股东 ASK 集团有限公司增加承诺，若标的医院交易出让方无法按相关条款就医院开放床位超出核定床位导致的处罚及估值变更进行补偿，则由 H 公司控股股东 ASK 集团有限公司履行相应补充义务，以保障上市公司及中小股东利益。

案例 9 I 公司重大资产重组

2022 年 7 月,I 公司公告了《关于筹划重大资产重组暨签署〈框架协议〉的提示性公告》和《重大资产购买预案》,拟以支付现金的方式向王某悦、亓某、济南某华收购其持有的某锂业公司的 70.00% 股权,向和田某福收购其所持有的某东力的70.00% 股权。

一、案 例 简 介

（一）上市公司基本情况

I 公司成立于 1999 年 12 月,于 2002 年 10 月在上海证券交易所上市交易。发布《重大资产购买预案》时,I 公司股价为 22.27 元/股,总股本为 516 065 720 股,总市值 114.93 亿元,在本次交易前,I 公司第一大股东为 J 投资公司,持股比例为26.19%,实际控制人为俞某荣和谢某彤。

I 公司主要经营医疗服务业务和煤炭贸易业务。医疗服务业务主要包括开设门诊中心、专科中心、影像中心和健康管理中心,为客户提供健康管理、疾病诊断与治疗、绿通转诊与远程会诊、术后康复等专业化的医疗服务。煤炭贸易业务采用自营模式,即 I 公司自行从上游供应商采购货物、自主开拓下游客户渠道进行销售,利用自身资金优势、时间和地区差异赚取利润。

I 公司最近两年一期的财务状况和经营成果如表 1 - 9 - 1 所示。

（二）标的公司基本情况

1. 某锂业

某锂业于 2010 年 11 月成立,属于新能源锂电池材料行业,主要从事碳酸锂和氢氧化锂为主的锂化工产品的研发、生产和销售,主要产品为碳酸锂和氢氧化锂,目前已建成和运营年产 2.5 万吨电池级碳酸锂和年产 1 万吨电池级氢氧化锂生产线。其核心竞争优势包括自有完备的生产线、制备工艺,锂辉石提锂技术成熟,拥有多项专利技术,是高新技术企业。其最近两年一期的财务状况和经营成果如表1-9-2所示。

表1-9-1 A公司基本财务指标

单位:万元

项 目	2022年9月30日	2021年12月31日	2020年12月31日
总资产	283 752.93	279 937.44	257 308.24
总负债	111 327.47	103 531.41	69 547.10
股东权益	172 425.45	176 406.02	187 761.13
项 目	2022年1~9月	2021年	2020年
营业收入	100 399.28	69 744.51	428 344.37
利润总额	−4 045.75	−17 324.01	2 246.76
净利润	−4 055.96	−17 174.02	1 589.91

表1-9-2 标的公司基本财务指标

单位:万元

项 目	2022年5月31日	2021年12月31日	2020年12月31日
总资产	395 542.63	284 344.77	227 006.17
总负债	283 329.69	270 594.13	224 583.48
股东权益	112 212.94	13 750.64	2 422.70
项 目	2022年	2021年	2020年
营业收入	269 530.97	109 378.47	25 177.60
利润总额	116 176.46	12 593.85	−25 787.38
净利润	97 350.87	10 831.30	−22 746.03

2. 某东力

某东力成立于2007年4月,是锂矿石的开采企业,锂矿石是属于锂电上游产品的碳酸锂和氢氧化锂的原材料。某东力核心资产持有"新疆阿克塔斯锂矿"的探矿权和采矿权。阿克塔斯锂矿位于新疆和田县阿克塔斯地区,矿区面积 0.906 3 平方公里,保有资源总矿石储量为 580.66 万吨,出让期限为 19.76 年(含基建期 1 年),矿山可采取露天开采,下部及其他矿体采取地下开采,年产量 30 万吨。其最近一年一期的财务状况和经营成果如表 1-9-3 所示(未经审计)。

表 1-9-3　标的公司基本财务指标

单位:万元

项　　目	2022 年 5 月 31 日	2021 年 12 月 31 日
总资产	37 575.51	16 349.05
净资产	−1 360.46	−1 182.20
项　　目	2022 年	2021 年
营业收入	469.33	—
净利润	−178.26	−51.33

（三）资产重组草案精要

1. 支付现金收购标的公司

本次交易为 I 公司以支付现金的方式向王某悦、亓某、济南某华收购其所持有的某锂业的 70.00% 股权,向和田某福收购其所持有的某东力的 70.00% 股权。预案披露,标的资产的转让价格合计不超过 38.5 亿元。本次交易完成后,I 公司将持有某锂业 70.00% 股权,持有某东力 70.00% 股权。

2. 本次交易构成重大资产重组,不构成重组上市及关联交易

本次交易构成重大资产重组。本次交易前后上市公司控股股东及实际控制人不会发生变化,因此本次交易不构成重组上市。本次交易的交易对方不属于上市公司的关联方。因此本次交易不构成关联交易。

3. 标的公司业绩承诺和补偿

业绩承诺期为 2022 年、2023 年、2024 年度,业绩承诺方为亓某、济南某华、和田某福、王某悦。承诺金额为标的公司 2022 年、2023 年、2024 年实现的净利润将分别

不低于人民币 8 亿元、9 亿元、10 亿元，三年实现的净利润累计不低于人民币 27 亿元。

（四）标的公司历史情况

某东力原来为某锂业的子公司，2016 年 12 月上市公司 LN 公司曾拟购买某锂业 67.78% 股权，当时标的公司的整体估值为 19.252 7 亿元，由于 2015 年碳酸锂的价格仅为 4~5 万元每吨，2016 年（收购当年）价格大幅增长至 12 万元每吨，标的公司估值大幅增长，但当年收购终止。LN 公司称由于当时国内证券市场环境、监管政策等情况发生了较大变化，LN 公司本次重大资产重组继续推进存在重大不确定性，因此终止。2018 年 3 月，MD 公司（现已退市）完成重大资产重组，收购某锂业 98.51% 股权，整体估值为 29.583 9 亿元，当时碳酸锂的价格为 15.35 万元每吨，导致估值在一年内增长 53.66%。由于 2018 年 MD 公司只支付了 12.146 8 亿元，当时交易完成后 MD 公司仅持有股权 71.04%，当时交易承诺标的公司 2018~2020 年每年扣非后净利润不低于 4.2 亿元，但 2018 年实际标的公司实现业绩为 -2.821 1 亿元，当年计提标的公司减值准备 10.978 9 亿元，减值率为 38.75%，公司解释系由于 2018 年新能源政策退坡影响业绩不达预期。2019 年交易双方达成协议要求某锂业的业绩承诺方以 16.509 4 亿元回购标的公司 50.23% 股权，扣除尚未支付的股权转让款及业绩补偿款，应向 MD 公司支付 6.06 亿元，且公告称 MD 公司取得了某东力 30% 股权、某锂业 19.09% 股权的质押权，若交易对方仍不履行股权回购款支付义务，可执行前述质押物。依据 MD 公司退市后在三板发布的年报及退市前的临时公告，MD 公司尚未收到 2.681 3 亿元，且 2021 年 4 月已经起诉，尚未判决。因此，公司称要向亓某等三人购买其持有的 70% 到 100% 股权是无法实现的，按照目前最新的工商登记显示亓某名下持有的 4 906.48 万元股份中 1 466.667 万元已经质押（占比约 30%），和田某瑞持有的某东力股权有 30% 质押给 MD 公司。若 MD 公司无法与交易对方将前述债务纠纷解决，将无法交易。此外，依据 MD 公司在三板披露的 2020 年及 2021 报，MD 公司和某锂业存在大量的互保及债务往来，2020 年 MD 公司对某锂业 1.116 2 亿元的其他应收款全部计提坏账准备，原因为经营亏损，截至 2021 年末，MD 公司为某锂业提供 3.033 25 亿元担保，其中约 2 亿元主债务人已经逾期未清偿，而 MD 公司自身因为退市而有大量短期借款逾期无法偿还，其中涉及广州农商行的 4 450 万元借款，法院已经判决由标的公司 1 960 万元股权（约占标的公司 20%)质押承担连带责任,但标的公司尚未履行,且标的公司的实控人王某悦 2020 年已经成为失信被执行人。若标的公司实控人无钱偿还与 MD 公司的债务,股权质押无法解除,本次交易根本无法完成。

此外,2018 年 MD 公司收购标的公司后,由于并入上市公司体内,经审计后便发现标的公司存在实控人资金占用等未经决策披露的拆借行为,因此受到处罚,同时收购时有大量的新闻报道标的公司存在造假行为,有记者通过实地走访等方式,认定标的公司的主要供应商已经停业,MD 公司对交易所问询函的回复显示,当时标的公司披露三条产线产能为 5 000 吨、5 000 吨及 8 000 吨,但实际产量只有 2 729.17 吨、2 315.84 吨及 4 518.4 万吨,实际仅达到披露值的 50% 左右。

二、案 例 分 析

（一）首次行权

2022 年 7 月,投服中心以发送股东函件的方式,向 MD 公司和 LN 公司商请提供收购某锂业的相关信息,具体内容如下:

1. 向 MD 公司商请提供收购某锂业的相关信息

投服中心关注到,MD 公司曾于 2018 年 3 月公告以 29.060 45 亿元收购某锂业 98.51% 股权,当年 4 月 MD 公司支付了首笔收购款并持有了某锂业约 71.04% 股权,2019 年 3 月,MD 公司公告终止收购某锂业股权,双方协商由某锂业原管理团队回购 MD 公司已持有的某锂业 56.18% 的股权,MD 公司继续持有某锂业 14.86% 股权。为充分了解某锂业的实际运营情况,投服中心商请 MD 公司协助提供以下信息:

（1）请求配合说明终止收购某锂业部分股权的主要原因

2018 年 3 月 MD 公司发布收购公告,在已完成收购某锂业约 71.04% 股权后的次年 3 月,公告终止收购,变化较为突然。MD 公司称系综合考虑当时市场环境、金融环境等多方面问题,本着谨慎性原则,决定终止收购某锂业股权,但未具体说明终止收购的主要原因。投服中心注意到,资产收购时,业绩承诺方承诺某锂业 2018～2020 年每年实现的净利润均不低于 4.2 亿元,但其 2018 年实际实现的净利润仅为 -2.821 174 亿元,MD 公司当年对其进行商誉减值测试的评估减值额达

10.978 957 亿元,减值率高达 38.75%。为充分了解某锂业的实际情况,请 MD 公司具体说明当时终止收购的主要原因,是否与某锂业业绩不达预期相关。

（2）请求配合说明在资产收购过程中是否曾发现某锂业存在治理不规范等情况

MD 公司 2018 年年报曾显示,2018 年 4 月 1 日至 6 月 30 日期间,某锂业与关联方王某悦、亓某及王某悦控制的多家公司存在关联方资金拆借,未履行决策程序及信息披露义务。请说明 MD 公司是在什么时点发现某锂业存在前述问题以及 MD 公司是通过什么方式发现的前述问题。

（3）请求配合说明 MD 公司是否已全部收回回购款

公告显示,MD 公司终止收购某锂业,原管理团队回购某锂业 56.18% 股权,需于 2020 年 12 月 20 日前向 MD 公司支付 6.069 4 亿元,并向 MD 公司质押某东力 30% 的股权及某锂业的 19.09% 股权。2020 年报显示,截至 2020 年末公司尚未收回 2.631 3 亿元回购款,且于 2021 年 4 月 20 日向德清县人民法院提起诉讼。请 MD 公司说明截至目前前述剩余回购款是否已收回,法院判决结果如何,相关某锂业及某东力的股权质押是否已解除。

（4）请求配合说明 MD 公司与某锂业之间的担保交易将如何处理

2021 年报显示,MD 公司作为担保方,为某锂业提供担保 3.033 25 亿元,其中 1.913 亿元主债务已逾期,同时 MD 公司作为被担保方,某锂业为 MD 公司 4 450 万元借款承担连带担保责任,且某锂业 1 960 万股权（占目前某锂业注册资本的约 20.045%）用于质押。2022 年 1 月法院已发出执行通知书,要求 MD 公司及担保方履行偿还义务。请 MD 公司说明为某锂业提供担保义务的终止时间;对于某锂业已经逾期的主债务,是否将为其履行偿还义务;若某锂业主要股权将转让至 I 公司,MD 公司与某锂业之间的担保协议将如何处理。同时,请 MD 公司说明某锂业是否已为公司 4 450 万元借款履行了担保责任,相关股权质押是否已解除。

（5）请配合说明 MD 公司是否将继续向某锂业追偿已计提坏账准备的欠款

公司 2021 年年报中其他应收款、应收利息等科目显示,MD 公司应收某锂业 8 010.608 8 万元,已计提坏账准备 8 000.530 4 万元,应收利息 3 522.083 3 万元,并已全部计提坏账准备。请 MD 公司说明是否将继续向某锂业追偿前述应收款项合计 1.153 269 亿元。

2. 向 LN 公司商请提供收购某锂业的相关信息

投服中心关注到,LN 公司曾于 2016 年发布重组预案,拟以 13.262 5 亿元收购某锂业 67.78%股权(当时某东力为某锂业的控股子公司),并于 2017 年 3 月公告终止交易。为充分了解标的公司的实际运营情况,投服中心商请公司协助提供以下信息:

LN 公司历史公告显示,LN 公司 2016 年 7 月发布重组预案,就本次重组交易曾向上交所提交了三次问询函的回复,对重组预案进行了三次修订,但于 2017 年 3 月突然公告终止重组。LN 公司称,由于国内证券市场环境、监管政策等情况发生了较大变化,继续推进重组存在重大不确定性,经协商决定终止交易,但未具体说明终止收购的主要原因。2018 年 3 月,MD 公司公告以 29.060 45 亿元收购某锂业 98.51%的股权,在完成收购某锂业 71.039 2%的股权后的次年 3 月公告终止收购,并由某锂业原管理团队回购 MD 公司已持有的某锂业 56.18%的股权。收购完成后,MD 公司公告显示,某锂业 2018 年实际实现的净利润仅为-2.821 174 亿元,与承诺业绩不低于 4.2 亿元相差甚远,MD 公司当年对其进行商誉减值测试的评估减值额达 10.978 957 亿元,减值率高达 38.75%。同时,MD 公司 2018 年定期报告披露,2018 年 4 月 1 日~6 月 30 日期间,某锂业与关联方王某悦、亓某及王某悦控制的多家公司存在关联方资金拆借,未履行决策程序及信息披露义务,存在公司治理不规范等问题。此外,MD 公司迟迟未能收回交易对方回购的 56.18%股权的全部款项,已于 2021 年 4 月 20 日向德清县人民法院提起诉讼,且 2021 年 MD 公司年报显示其为某锂业提供担保的 1.913 亿元债务已出现逾期,对某锂业合计 1.153 269 亿元的应收款项也已基本全部计提坏账减值准备。收购的效果远不及预期。

为进一步了解标的公司的实际情况,请 LN 公司配合说明当时终止重组的主要原因,LN 公司在对标的公司尽职调查的过程中是否曾发现标的公司存在任何瑕疵或公司治理不规范等问题,是否曾关注过标的公司的历史业绩和实际产能的真实性等方面的潜在问题,若有,请具体说明标的公司存在的问题及合理依据。

(二)二次行权

2022 年 8 月,I 公司公告拟就近期公布的重大资产重组召开投资者说明会,投服中心参加投资者说明会并向 I 公司提出如下问题:

(1)近期,公司公告拟通过自有资金和自筹资金以不超过 38.5 亿元收购某锂业 70%及某东力 70%股权。截至 2022 年 3 月 31 日,公司流动资产为 13.08 亿元,其中其他应收款为 12.98 亿元,占比高达 99.24%,货币资金仅为 440.44 万元。除 2019 年外,公司扣非后归母净利润自 2015 年持续为负,盈利能力较弱。同时,2021 年公司因存在大额资金占用、违规担保、大额未入账资金收支及司法冻结等事项被会计师出具无法表示意见的审计报告及否定意见的内部控制审计报告。在此背景下,请公司说明将如何筹集大额资金完成本次收购。

（2）公司本次拟收购的某锂业主要从事电池级碳酸锂等产品的生产与销售,涉及当前资本市场的热点概念。自发布本次交易公告后,公司股票从 2022 年 7 月 18 日起至 8 月 10 日收盘,累计涨幅达 80.44%,其中 14 个交易日涨停。结合公司选择在股票被实施退市风险警示复牌的前一天披露重组提示性公告,请公司说明本次收购是否存在对冲股价受退市风险警示所带来的影响并迎合热点概念炒作的动机。

（3）2016 年 7 月、2018 年 3 月 LN 公司、MD 公司曾拟收购某锂业多数股权,但最终均终止了交易。MD 公司在完成收购某锂业部分股权后的次年 3 月决定终止收购,并要求某锂业原管理团队回购其已持有的 56.18%的股权。收购完成后,其曾披露某锂业第一年未实现业绩承诺,实际业绩与承诺业绩相差甚远,且存在违规关联方资金拆借等治理不规范问题。此外,MD 公司的历史年报显示,标的公司的实控人王某悦 2020 年已为失信被执行人,LN 公司回复投服中心函件时表示在 2016 年尽职调查时曾发现某锂业实控人对外债务金额较大、部分股权存在争议或潜在纠纷等问题。请公司说明是否对标的公司的前述问题有所关注,标的公司是否已对前述问题全部整改,在本次交易尽调过程中,公司是否发现标的公司存在新的公司治理不规范等问题,这些问题是否将对本次交易产生不利影响。

（4）近年来,碳酸锂价格整体大幅增长,依据安泰科统计数据,国产电池级碳酸锂(99.5%)均价已从 2020 年 10 月 26 日的每吨 4.05 万元增长至 2022 年 8 月 11 日的每吨 47.6 万元,增幅达 1 075.31%,可以说公司本次交易系在碳酸锂行业高点收购。然而,依据中信证券、安泰科、高盛等头部券商发布的行业研究报告,随着更多锂矿供应进入市场且可能超出下游需求增长的速度,到 2023 年碳酸锂将出现产能过剩,碳酸锂价格将面临较为明显的下行压力。业内专家也曾表示,上市公司收购碳酸锂行业时要警惕估值过高、业绩承诺难以兑现、业务整合和产业协同不达预期等风险。本次交易完成后,一旦碳酸锂价格大幅下滑,标的公司的业绩不达预期,公司将面临巨额商誉减值,对公司未来业绩产生重大不利影响。请公司说明董事会就本次交易做决策时是否对前述风险有充分考量及评估。

(5)公司目前主营业务为煤炭贸易及医疗服务业务。2020年起,公司启动多个医疗资产收购项目,间接收购了国瑞门诊部、曲江未睦门诊部、济南高新国际医院,参股上海国际医学中心、美国 Mivip 健康护理公司等,尝试转型医疗产业。2021年年报显示,公司已对国瑞门诊部、曲江未睦门诊部合计3 016.54 万元全部计提商誉减值,对参股的美国 Mivip 公司计提长期股权投资减值准备 1.525 19 亿元,2021年收购的上海国际医学中心当年净利润为-3 101.3 万元,均未达预期。请公司说明在转型医疗产业尚未成功的背景下,斥巨资跨界收购碳酸锂企业,公司能否有能力将三大产业整合成功。

案例 10　J 公司资产收购的关联交易

2022 年 7 月,J 公司公告了《关于受让股权暨关联交易的公告》(以下简称收购公告),拟以自有资金受让浙江 HFYH 有限公司 100% 股权,股权的交易价格为 1 520.44 万元。本次交易构成关联交易。

一、案例简介

（一）上市公司基本情况

J 公司成立于 1993 年 5 月,于 2004 年 4 月在上海证券交易所主板上市交易。公司是全国中成药小儿用药生产基地、全国重点中药企业。公司主营业务分为医药工业和医药商业,以发展中医药为核心,以儿科产品为特色,已成为全国重点中药企业和小儿用药生产基地。公司为中华老字号企业,拥有"健民""龙牡""叶开泰"等品牌。综合实力跻身全国医药企业百强之列,并设立有企业博士后科研工作站和儿童药物研究院。主导品种龙牡壮骨颗粒为一级中药保护品种,是儿童健康成长药物领域的知名品牌。其最近三年的财务状况和经营成果如表 1-10-1 所示。

表 1-10-1　J 公司基本财务指标

单位:万元

项　　　目	2021 年 12 月 31 日	2020 年 12 月 31 日	2019 年 12 月 31 日
总资产	282 560.22	241 717.68	192 854.06
总负债	125 735.00	109 391.54	72 062.55
股东权益	156 825.22	132 326.15	120 791.51

项　　目	2021 年	2020 年	2019 年
营业收入	327 818. 36	245 599. 63	223 893. 71
利润总额	36 093. 16	15 760. 78	9 979. 39
净利润	32 542. 14	14 868. 65	9 263. 36

（二）标的公司基本情况

本次关联交易中,标的公司成立于 1996 年 6 月,主要通过子公司杭州 HF 医院开展医疗业务。HF 医院是一家按照二级标准建立的综合医院,医院科室设置较齐全,设有内科、外科、妇科、中医科、康复医学科、眼耳鼻喉科、口腔科、健康体检中心以及放射、超声、检验、病理、药剂等 10 多个临床医技科室;配置有 16 排螺旋 CT、西门子彩超及生化分析仪、DR 等大型先进设备;包含 100 张床位的住院部以及体检中心,已加入浙江省和杭州市医保体系;现有员工 77 名,其中具有中级职称的技术人员 17 人,高级职称的技术人员 6 人。其最近一年一期的财务状况和经营成果如表 1 - 10 - 2 所示。医院营运投入时间不长,加上疫情影响,尚处于亏损状态,医院主营业务收入来源于住院、门诊和体检三大业务。

表 1 - 10 - 2　标的公司基本财务指标

单位: 元

项　　目	2022 年 5 月 31 日	2021 年 12 月 31 日
总资产	30 474 769. 94	25 410 371. 96
净资产	- 80 336 283. 37	8 005 377. 82
项　　目	2022 年 1~5 月	2021 年度
营业收入	21 246 102. 51	9 557 982. 30
净利润	- 19 478 637. 66	- 10 268 175. 05

（三）关联交易公告精要

1. 资产收购标的公司

本次交易,根据评估机构出具的资产评估报告,截至评估基准日 2022 年 6 月

30日，根据资产基础法评估结果，合并口径HFYH股东全部权益账面价值800.54万元，评估值1520.44万元，增值89.93%。

2. 本次交易构成关联交易

本次交易构成关联交易。HLYY为公司控股股东，持有上市公司37 014 073股，占公司总股本的24.13%；HLYY与HLTZ均为HLJT全资子公司，HLJT直接持有上市公司5 128 541股，占上市公司总股本的3.32%；HLJT及其全资子公司HLYY合计持有公司42 142 614股份，占总股本的27.47%。

二、案例分析

（一）行权过程

2022年8月，投服中心给J公司发送股东质询函，对J公司声称标的医院"力争通过2~3年实现扭亏为盈"以及董事是否审慎地评估了本次交易可能面临的不确定风险提出质询。

（二）行权内容分析

1. 标的医院扭亏为盈的前景不明

2016~2021年《浙江卫生健康年鉴》显示，杭州市医疗机构诊疗总数从2015年的1.17亿人次上升至2020年的1.27亿人次，年均复合增速为1.59%，呈现整体诊疗人数缓慢增长的特征。在社会就诊人次总量缓慢增长的情况下，标的医院想要扭亏为盈，需要建立并积累某些优势才能吸引更多的患者前来就医，但是杭州市已有市直属医院15个、省直属医院20个。但凡涉及生命安全，绝大多数患者就医首先考虑的应该是医院的综合实力。以浙江省人民医院、浙江大学医学院附属第一医院、浙江省中医院、浙江中医药大学附属第三医院为代表的多家头部综合医院不论从成立历史、硬件设备、医护专业水平、综合保障能力，还是患者口碑以及社会信任度，在杭州市乃至浙江省都具备明显的不可替代的优势地位。你公司在公告中称标的医院"重点发展盈利能力较强的中医科、妇科、肛肠科等科室"，"加大周边社区推广力度，通过开展线上线下科普教育讲座、义诊筛查、社区服务等多种推广活动"，"积极与当地其他综合医院建立合作关系，开展患者转诊，拓宽医院客户渠道"，请说明作为一家按照二级标准建立的民营综合医院如何建立相对于上述头部医院相关科室的比较优势,以吸引患者前来就医。另外,标的医院计划加大多种推广活动,积极拓宽医院客户渠道,也将增加标的医院的运营成本,减少利润,使得标的医院力争通过2~3年实现扭亏为盈的目标增加变数。

2. 公司董事是否审慎地评估了本次交易可能面临的不确定风险

投服中心梳理了多家上市公司并购民营医院的案例,发现民营医院被收购后出现亏损的不在少数。例如,盈康生命于2017年2月以5 280万元收购杭州中卫中医肿瘤医院(后更名为杭州怡康)100%股权,收购时标的资产处于亏损状态,但盈康生命当时称标的资产具有良好的区位优势、较全的医疗业务资质和较好的医疗业务基础,目前呈现出良好的发展势头,看好其未来发展。然而,2021年8月,盈康生命公告由于标的资产尚需要长期的资金投入和能力建设,与其现阶段目标不符,以134.61万元出售杭州怡康100%股权,出售时杭州怡康经营业绩仍为亏损。

前述失败案例与本次交易的逻辑相似,如果公司收购HFYH不能如期扭亏转盈,产生的损失还是由上市公司和广大股东承担。

公司的诸位董事在审议本次交易时是否充分考虑了杭州市地方民营医院的经营现状,是否审慎地评估了本次交易可能面临的不确定风险,是否在交易对价中对这种风险予以考虑。

同月,J公司通过交易公告的形式回复了投服中心的质询。回复内容如下:

1. HF医院未来的定位及运营举措

(1) HF医院将作为公司循证医学研究基地

公司持续加大研发投入,加快新产品研发、立项与老产品二次开发,未来研发对循证医学研究需求较大。在公司产品开展临床循证医学研究时,需在医院做小样本研究,未来HF医院将作为公司循证医学研究基地,为公司新产品研发、产品上市再评价、临床用药指导、学术推广等提供支持。

(2) HF医院未来定位于专科特色医院

① 公司作为中成药制造企业,主要品种集中在妇科、儿科等领域,经过多年发展,在妇、儿医疗领域集聚了丰富的专家资源,与全国各大医疗机构建立了良好的业务合作关系,未来将为HF医院在妇、儿专科领域发展奠定良好的基础。② 近年来,公司积极布局中医诊疗服务领域,已在中医诊疗领域积累了一定的营运经验。2018年公司制定了探索性发展中医诊疗业务的战略方向,成立中医门诊部(武

汉）有限公司，在汉阳地区开设中医馆，并于2018年6月开馆试营业，医馆成立初期也处于亏损状态，经过几年的探索和经验总结，医馆营运模式逐渐成熟，盈利能力不断增强，2021年扭亏为盈实现净利润324万元，2022年经营持续向好，上半年实现净利润372万元。2022年7月经公司董事会批准，公司成立国医投资（武汉）有限公司作为公司中医诊疗服务产业的管理与投资平台，并在汉口地区开设第二家中医馆。本次交易完成后，公司将积极导入中医馆运营模式和成熟经验，重点打造HF医院的中医科。

（3）HF医院的运营举措

在本次交易完成后，公司在对医院原有的优势科室继续做大做强的基础上，围绕公司整体发展战略，将医院打造成为以妇、儿、中医等为特色专科的医院，HF医院作为一家民营营利性医院，与杭州本地头部医院的定位不同，未来将错位发展，不存在实质竞争。本次交易完成后，公司将对HF医院的市场运营进行全面升级：① 重点专科建设。将集中资源、精力建设妇、儿、中医等重点科室，打造特色专科项目，提升医院特有竞争力。同时通过医院现有的体检、住院项目所获流量，进行深度转变，提升医院盈利水平。② 多渠道推广。组建专业市场营销团队，加大市场拓展推广力度，通过周边广告投放、社区商圈地面推广、企业异业联合、新媒体投放置换等方式，覆盖医院周边5公里内的人群，深耕医院周边人群拓展，提高医院门诊量和住院人次。③ 全面提升患者的医疗体验。改变以往患者诊后即走的方式，沉淀到诊客户，通过特色专科、一对一服务、健康管理、专业科普等留住患者，全面提升医院服务水平，提高患者满意度。

2. 关于2~3年实现扭亏为盈目标的可实现性

HF医院2016年成立，于2017年10月试营业，2018年1月正式营业，营运时间不长，开业前期处于投入培育阶段（医疗机构投资属于中长期投资，回报周期相对较长），又受疫情、周边地铁施工（医院周边地铁建设历时约三年）等影响，医院开业以来处于亏损状态。本次交易完成后，公司拟着力将医院打造成为以妇、儿、中医等为特色专科的医院，除前述对医院市场运营进行全面升级的各项措施外，2~3年医院实现扭亏为盈的可实现因素还包括：

（1）疫情逐步趋于稳定，各医院的就诊量逐渐恢复，且中医药在抗击疫情中发挥的重要作用得到普遍认同，中医药的受重视程度日益增强。

（2）医院周边地铁已于 2022 年 6 月通车，地铁修建影响因素已消除，周边环境、交通便利度得到大幅改善，患者就医更加便利。

（3）公司重点打造 HF 医院的妇、儿、中医等特色专科，因地制宜加强线上线下推广，将大幅提高医院的品牌知名度，吸引患者就医，扩大医院收入来源，实现收入的增加；HF 医院目前场地、设备及人员配备齐全，公司对医院现有营运体系和推广模式采取的调整措施，不会产生大规模的投入。

（4）HF 医院开业至今四年，已经在周边形成一定的市场基础。HF 医院连续四年被余杭区卫健委授予余杭区民营医疗机构综合评价获奖单位，医院从成立之初便开展社区义诊活动，具有专门运营人员开展线上科普及患者转诊工作，经过多年运营已在周边社区居民中形成一定的口碑和知名度，随着未来营运工作的不断优化，特色专科的逐步形成，也将带动医院业务的提升。

（5）公司在中医诊疗服务领域相对成熟的营运经验和在妇、儿领域积累的丰富资源，也将帮助 HF 医院尽快扭亏。

3. 关于民营医疗产业的发展现状

根据 2021 年卫健委数据统计，公立医院的数量逐渐下降，民营医院的数量逐渐上升。截至 2021 年底，公立医院 11 804 家，民营医院 24 766 家；从床位数来看，公立医院床位占 70.2%，民营医院床位占 29.8%；2021 年公立医院诊疗人次 32.7 亿（占医院总诊疗人次的 84.2%），民营医院诊疗人次 6.1 亿（占医院总诊疗人次的 15.8%）；2020 年公立医疗机构事业性收入 30 637 亿元，民营机构事业性收入 5 817 亿元。从上述数据来看民营医院的机构数量虽超过公立医院，但在床位数、诊疗人次、事业性收入等关键指标上均落后于公立医院，预计短期内这种竞争格局不会发生明显变化。

相比公立医院，民营医院在社会信誉度、人才资源、医保政策等方面尚存在差距，但民营医院在服务体系、就医便捷度、诊疗费用等方面有一定的优势。近年来国家出台多项政策鼓励和支持社会办医，国内医疗服务供需极不平衡的状况也为社会资本进入综合医疗创造了良好时机，目前民营综合医院多采取打造具有特色专科的综合医院策略与公立医院形成错位竞争。

4. 关于对周边环境的考察情况

根据杭州市卫健委数据，2021 年全市卫生机构数量 5 633 个，其中医院 370 个

（综合医院 172 个）；余杭区 2021 年卫生机构数量为 364 个，其中医院数量 19 个（综合医院 9 个）；2021 年全区常住人口为 130.9 万人，在杭州市 13 个区县中排名第 3，但每千人口的床位数（张）、医师数、护士数分别为 2.05、2.19、1.67，不仅远低于杭州市的平均数据 7.44、4.51、5.17，也低于杭州市区域卫生"十四五"规划的指标。相比杭州市其他区县，HF 医院所处的余杭区医疗资源偏少，医疗机构竞争相对缓和，未来还有较大发展空间。

公司详细考察了 HF 医院所在区域的周边环境，HF 医院距离杭州地铁 3 号线联胜路站 E 出口约 200 米，地理位置优越，交通便利，周边人口分布较多，周边半径 10 公里内人口约 93.8 万人，其中 36 岁以上人群约 32 万人；HF 医院辐射半径 5 公里/车程 15 分钟内，包含医院 7 家，社区医疗中心 3 家，诊所 15 家。其中浙大一院和杭州西溪医院为大型公立三甲综合医院，同德医院闲林分院是以精神科为主的专科医院，上述 3 家医院与 HF 医院定位存在差异；浙江康复医院、未来科技城医院、杭州怡宁医院和杭州清扬医院等 4 家医院部分科室与 HF 医院现阶段业务存在一定的竞争；周边 3 家社区卫生服务中心在门诊业务方面因为医保政策原因对包括 HF 医院在内的民营医院具有一定的竞争优势，其余诊所规模较小、科室设置不齐全，和 HF 医院不构成竞争关系。

我们也将结合公司实际情况，导入公司在中医诊疗服务领域积累的管理经验和营运模式，将 HF 医院打造成为以妇、儿、中医等为专科特色的医院。重点打造专家团队和青年中医师队伍，做强专科特色，塑造良好的口碑，带动其他特色科室发展，与周边医院重点科室形成错位发展格局。

5. 公司对不确定风险的考虑

公司本次股权受让除客观存在的行业发展风险、宏观经济风险以及不可抗力风险外，在成体系专家团队组建、专科特色和诊疗特色形成等方面存在不确定风险，公司将通过以下措施尽可能将各项风险降到最低。

（1）依托公司妇、儿、中医领域积累的丰富经验和构建专家网络，吸引并留住更多优秀的专家、专科医生前来执业。

（2）加大周边社区和有效辐射半径的推广力度，做好市场培育、医院运营，扩大就诊来源；同时逐步优化低效的机构设置和人员配置，降低成本，提高营运质量，重点打造妇、儿、中医等特色专科，形成诊疗特色。

　　公司在充分考虑本次交易所面临的各种风险的基础上，聘请具有从事证券、期货业务资格的万邦资产评估有限公司为公司受让 HFYH 全部股权事宜出具资产评估报告，本次交易以评估价值为交易对价。万邦资产评估有限公司根据本次交易标的特征，并考虑到 HF 医院目前仍处于经营初期阶段，相关科室和经营合作模式还在不断优化调整过程中，同时近两年受疫情等因素影响较大，采用资产基础法对 HF 医院进行评估。本次评估结合了标的公司目前的资产特点、经营情况，充分考虑了交易对价的公允性。

案例 11 K 公司收购控股股东
控制公司部分股权

2022 年 9 月,K 公司公告了《关于收购参股公司股权并获得 JG 区块控制权暨关联交易的公告》,其中称 K 公司的全资子公司 ZMHW 拟以 4 662.42 美元收购控股股东控制的关联企业 XHXDB 公司 24.33% 的股权。本次交易完成后,ZMHW 公司合计持有标的公司 51% 的股权,从而间接控制了标的公司的核心资产,即哈萨克斯坦 JG 油气田区块。

一、案 例 简 介

(一)上市公司基本情况

K 公司成立于 2003 年 6 月,于 2017 年 11 月在上海证券交易所创业板上市交易。K 公司控股股东为 ZMTZ 公司,持股比例为 26.59%,实际控制人为李某某、朱某某。

K 公司是一家以创建跨国能源公司为企业愿景的石油天然气企业,是国内最具实力的国际化钻井工程大包服务承包商和高端石油装备制造商,具有上、下游一体化的业务优势。其最近三年的财务状况和经营成果如表 1-11-1 所示。

表 1-11-1 K 公司基本财务指标

单位: 万元

项　　目	2021 年 12 月 31 日	2020 年 12 月 31 日	2019 年 12 月 31 日
总资产	587 405.68	504 497.15	542 525.13
总负债	390 364.67	314 122.36	306 036.90
股东权益	197 041.01	190 374.79	236 488.23

项　　目	2021 年	2020 年	2019 年
营业收入	175 380.89	158 466.39	246 290.48
利润总额	11 814.97	−44 745.22	11 418.47
净利润	6 565.94	−48 716.45	1 718.82

（二）标的公司基本情况

标的公司是一家专门从事国际石油区块勘探开发业务的公司。标的公司于 2018 年完成了对一块位于哈萨克斯坦境内的石油区块资产的收购交易（该石油区块以下简称"JG 项目"），上述交易已通过哈萨克斯坦能源部审批，完成股东变更登记。其最近一年及一期的财务状况如表 1－11－2 所示。

表 1－11－2　标的公司基本财务指标

单位：万元

项　　目	2022 年 3 月 31 日	2021 年 12 月 31 日
总资产	81 243.54	81 243.54
总负债	35 263.60	36 148.09
项　　目	2022 年 1~3 月（经审计）	2021 年 1~12 月（经审计）
营业收入	5 272.02	20 666.92
营业利润	−994.64	1 531.22
净利润	−1 167.68	423.75

（三）本次交易精要

2022 年 9 月，上市公司公告全资子公司 ZMHW 拟以 4 662.42 美元收购控股股东控制的关联公司 XHXDB（以下简称标的公司）24.33%股权。本次交易完成后，ZMHW 合计持有标的公司 51%股权，从而间接控制了标的公司的核心资产，即哈萨克斯坦 JG 油气田区块。

二、案 例 分 析

（一）行权过程

2022 年 9 月，投服中心通过发送股东函件方式行权，对本次收购的标的公司的估值合理性进行质询。

（二）行权内容分析

上市公司曾于 2018 年 12 月及 2019 年 6 月分别以 1.2 亿元人民币、3 000 万美元对标的公司增资，参股 JG 油气田区块，合计持有标的公司 26.67% 股权。以当时美元兑人民币 1∶6.9 的汇率计算，上市公司前两次增资时标的公司的整体价值为 1.776 952 亿美元，而本次交易标的公司的整体价值为 1.916 326 亿美元，增值 7.8%，标的公司的核心资产是 JG 油气田区块。投服中心查阅历史公告，2018 年上市公司控股股东通过一系列壳公司收购核心资产的估值为 1.31 亿美元，上市公司增资时的估值为 1.5 亿美元，而本次交易的估值为 1.62 亿美元，核心资产整体估值持续增长。上市公司曾披露 2018 年标的公司核心资产的 2P 原油经济可采储量为 692.82 万吨，而本次交易披露其 2P 原油经济可采储量为 595.28 万吨，下降 97.54 万吨。油气储量是油气公司的核心资产，是其价值的重要体现。油气资产净现值估值模型下，在固定的开发合同期限内，油气经济可采储量将影响油气公司预测的未来油气产量、营业收入、净利润等，从而影响油气资产折现的未来净现金流量值及整体估值。投服中心请上市公司说明在经济可采储量下降的基础上，核心资产估值不降反升的逻辑是什么。

上市公司对于估值变化，解释如下。

（1）标的公司核心资产是其通过 Tenge Oil & Gas（以下简称"TOG"）持有并运营的 JG 油田，标的公司间接持有核心资产 90% 的权益，前次增资时，核心资产估值判断依据系北京中企华资产评估有限责任公司出具的估值报告，核心资产的市场价值与增资价格计算过程如下：前次增资时点市场价值为：

90% 的 TOG 股东全部权益价值 =［油田现金流现值+非经营性、溢余资产（负债）净额−付息负债价值］* 90% =（2.60 亿美元+0 亿美元−0.50 亿）* 90% =约 1.89 亿美元。

前次增资时点交易作价：公司在充分考虑上市公司利益的基础上，经各方协商，在一定折价基础上，按照投前估值 1.33 亿美元（投后估值 1.5 亿美元）进行增资。

（2）本次交易估值系根据天源资产评估有限公司出具的评估报告确定，主要经营性资产的市场价值与交易作价的计算过程如下：

本次交易时点市场价值：

90%的 TOG 股东全部权益价值＝［油田现金流现值+非经营性、溢余资产（负债）净额−付息负债价值］＊90%＝（2.39 亿美元−0.08 亿美元−0.41 亿）＊90%＝约 1.71 亿美元。本次交易时点交易作价：TOG 系标的公司持有的长期股权投资，本次交易中标的公司的估值为 1.62 亿美元，系在 TOG 股权价值基础上，将标的公司其他资产负债金额汇总计算确定。

（3）公司股权价值受到资本投入情况、经营环境变化、期间损益情况等各方因素的影响，不宜直接进行对比，从主要经营资产价值变化可以更为清楚地看到估值变化的合理性。前次增资时，油田现金流现值为 2.6 亿美元，本次交易时点的现值为 2.39 亿美元，相较于前次增资时下降约 2 100 万美元，与原油经济可采储量的变动方向一致。

（4）由于公司前次增资中 3 000 万美元仍列为标的公司负债，双方确认标的公司账面列示的该笔增资款将转为股东投入资本，则标的公司股东权益账面价值将增加为 71 163.70 万元，评估结果增加为 121 652.33 万元，按照评估基准日中国人民银行公布的外汇中间价折算为 19 163.28 万美元。

上市公司对储量变化，解释如下。

本次收购前，JG 油田经哈萨克斯坦共和国储量委员会核批通过的储量报告为 2008 年度储量报告，该储量报告根据俄罗斯标准计算，报告结论为 2C 原油地质储量 5 850 万吨，其中 C1 原油地质储量 4 165 万吨，占 2C 原油地质储量比为 71%；天然气地质储量 238 亿方；溶解气地质储量 161.08 亿方。

2020 年哈萨克斯坦共和国储量委员会参照 JG 油田最新钻井资料信息，核批通过了 JG 油气田 2020 年度储量报告。本次储量报告根据俄罗斯标准计算，报告结论为 2C 原油地质储量 7 233.7 万吨，其中 C1 原油地质储量 5 719.1 万吨，占 2C 原油地质储量比为 79%；天然气地质储量 217.67 亿方；溶解气地质储量 81.29 亿方。JG

油田 2020 年度油田储量报告 C1 储量占比更高，且新钻井钻遇油藏厚度达到 51.5 米，说明 JG 油田 2020 年度储量认识程度较 2008 年度更高，通过已钻井和已生产井资料，储量基本落实。2020 年度油田储量报告 2C 原油地质储量较 2008 年度增加 23.65%，其中 C1 原油地质储量较 2008 年度增加 37.31%。

本次交易中第三方储量评估机构阿派斯油藏技术（北京）有限公司采用 SPE – PRMS 标准对 JG 油田原地量进行复算评估，报告结论为 1P 原油地质储量 4 258.6 万吨，2P 原油地质储量 6 441.4 万吨，3P 原油地质储量 7 281.8 万吨；其中 1P 储量占比 58.5%，2P 储量占比 88.5%，说明储量落实程度高。2P 原油经济可采储量由之前的 692.82 万吨下降的主要原因是开发方案的调整及扣除 2018 年至本次交易评估基准日已开采出的原油数量。

此外，哈萨克斯坦能源部门批复的储量报告按照当地要求使用的是俄罗斯标准，C1 为估算的基本探明储量，C2 为推测的储量，2C = C1+C2。储量评估机构使用的是国际通行的 SPE – PRMS 标准，P1 为证实储量，P2 为概算储量，2P = P1+P2。

案例 12 L 公司业绩补偿款未收回

2022 年 9 月,L 公司公告了《关于 BWSC 业绩补偿款的进展情况》,2019 年 5 月公司控股子公司 QTZN 以自有资金 7 650 万元的价额收购 CY 持有的 BWSC 公司 51%股权。根据股权转让协议以及 BWSC 业绩完成情况,CY 应补偿金额为 4 000 万元整,需在 2022 年 5 月前支付完成。截至公告日,上市公司尚有 3 400 万元补偿款未收回。

一、案 例 简 介

（一）上市公司基本情况

L 公司成立于 2003 年 9 月,于 2015 年 6 月在深圳证券交易所创业上市交易。截至 2022 年三季末,A 公司总股本为 266 533 621 股,控股股东为 GLD 公司,持股比例为 8.63%,实际控制人为曾某某、姜某某、朱某某。

L 公司属于智能装备制造行业,主营业务是智能装备的研发、制造、销售并提供相应的成套解决方案。其最近三年的财务状况和经营成果如表 1－12－1 所示。

表 1－12－1 L 公司基本财务指标

单位:万元

项　　目	2021 年 12 月 31 日	2020 年 12 月 31 日	2019 年 12 月 31 日
总资产	167 186.19	142 763.27	157 861.88
总负债	78 322.02	70 317.52	45 927.00
股东权益	88 864.17	72 445.75	111 934.88

续表

项 目	2021 年	2020 年	2019 年
营业收入	68 440.59	44 275.61	48 588.14
利润总额	− 29 995.60	− 38 218.46	8 943.93
净利润	− 29 821.97	− 38 389.31	7 221.63

（二）业绩补偿款未收回的基本情况

2022 年 9 月 29 日，L 公司发布了《关于 BWSC 业绩补偿款的进展公告》。依据公告，公司控股子公司 QTZN 于 2019 年以 7 650 万元的价格购买 CY 所持的 BWSC 公司 51% 股权，CY 分年作出相应业绩承诺，但业绩补偿金额最高不超过 4 000 万元。因 BWSC 未实现承诺业绩，截至目前，QTZN 尚有业绩补偿款 3 400 万元未收到。因 CY 未完成补偿，QTZN 于 2022 年 6 月 7 日向法院提起了诉讼，案件已被立案，截至 2022 年 12 月 31 日尚无案件最新进展的公告信息。

2022 年 9 月，CY 提出与 WZ 之间存在合同纠纷，该业绩补偿责任人应为 WZ。依据法院对 CY 诉 WZ 合同纠纷案的一审和二审判决，2020 年 3 月，CY 与 QTZN、WZ（QTZN 时任法定代表人、执行董事，上市公司时任董事）签署《关于北京 BWSC 科技有限公司之运营管理权转让协议》（以下简称《管理权转让协议》），公告显示，"协议约定：WZ 将全面接管 BWSC 公司，为 BWSC 实际运营管理人，担负 BWSC 的实际运营管理责任；认同并无条件接受代替 CY 履行 CY 与 QTZN 股权转让协议所规定的 CY 所有的责任与义务，包括但不限于 CY 与 QTZN 股权转让协议中规定的业绩承诺及相应对赌惩罚责任"。判决书认定："《管理权转让协议》是否经 QTZN 或 XYKJ 公司董事会、股东会审议通过，以及是否经 XYKJ 公司对外披露，均非影响合同效力的法定事由，上述因素均不妨碍《管理权转让协议》发生法律效力。"据此，CY 认为该业绩补偿责任人应为 WZ。

二、案 例 分 析

（一）行权过程

2022 年 9 月，投服中心通过发送股东函件方式行权，对 L 公司业绩补偿款未收回等事项进行质询和建议。

（二）行权内容分析

（1）投服中心请上市公司说明 BWSC 的业绩补偿义务人，及公司下一步拟采取的追偿措施。

上市公司回复称，依据北京市第一中级人民法院在〔2022〕京 01 民终 7307 号判决中《管理权转让协议》应为合法有效的判定，经与当事人沟通，WZ 已确认承担 BWSC 业绩补偿责任，支付 QTZN 剩余业绩承诺补偿款 3 400 万元。公司将持续督促其按照约定进行业绩补偿。

为维护公司权益，保护股东利益，公司不排除将就业绩承诺事宜采取包括但不限于诉讼等各种措施追索补偿款，并及时披露相关事项进展。

（2）投服中心请上市公司说明子公司管理制度中关于子公司对外签署协议的具体规定，并且说明 WZ 签署《管理权转让协议》是否符合上市公司的相关规定。如不符合，说明公司何时知道该协议的存在，对 WZ 采取哪些追责措施，对公司的内控采取了哪些整改措施。

上市公司回复如下：

（1）根据《内部控制管理制度》（2021 年 11 月）、《关联交易管理制度》规定：公司下属各子公司应根据重大事项报告制度和审议程序，及时向公司分管负责人报告重大业务事项、重大财务事项以及其他可能对公司股票及其衍生品种交易价格产生重大影响的信息，并严格按照授权规定将重大事项报公司董事会审议或股东大会审议；子公司应当在其董事会或股东大会作出决议后及时通知公司履行有关信息披露义务。公司拟与关联人发生的交易金额（含同一标的或同一关联人在连续 12 个月内发生的关联交易累计金额）在 3 000 万元以上，且占公司最近一期经审计净资产绝对值 5%以上的关联交易，应由董事会作出决议，并提交股东大会批准后方可实施。

（2）2022 年 1 月 24 日，QTZN 收到北京市海淀区人民法院送达的传票〔（2021）京 0108 民初 38919 号〕，获悉 CY（原告）就与 WZ、HJ（被告）及 QTZN（第三人）的合同纠纷事宜，向北京市海淀区人民法院提起诉讼，并将于 2022 年 2 月 23 日开庭审理。公司方知晓 2020 年 3 月 3 日 CY 与 QTZN、WZ 签订了《管理权转让协议》。

①《管理权转让协议》是 WZ 在担任 QTZN 法定代表人期间，私自加盖 QTZN

公章与 CY 签署的。《管理权转让协议》涉及对《股权转让协议》中的主要条款如经营管理权、业绩承诺等约定的重大变更，未经 QTZN 股东大会审议通过，QTZN 股东对此并不知情。② 2021 年 5 月 CY 签署并提交了《业绩补偿确认函》，确认 BWSC2020 年未完成业绩承诺，需向 QTZN 补偿 2 286.43 万元；书面提交了《关于延期支付 2020 年部分业绩补偿款的申请》；签署了《股权转让补充协议》。该三份文件明确了 BWSC 业绩承诺方为 CY。

综上，WZ 私自代表 QTZN 与自己本人以及 CY 签署的《股权转让补充协议》，公司于 2022 年 1 月前并不知晓。

（3）CY 与 WZ 相关诉讼发生后，公司进一步完善和加强了内部控制和风险控制管理，完善了以下内部控制制度及流程，包括：① 完善印章管理制度。检查并更新了公司《印章管理办法》，将子公司印章使用权限统一设置为由母公司审批，QTZN、BWSC 等部分子公司印章由母公司统一保管，进一步完善了印章审批、使用及登记流程；② 完善子公司负责人培训、管理和监督的内部控制制度，加强对子公司负责人的培训与监督力度，规范并加强子公司合规工作；③ 完善反舞弊管理制度，加强对子公司的定期与不定期检查，对子公司加强合规与风险管理。

案例 13　M 公司控股子公司未充分
履行业绩承诺

2015 年,M 公司以发行股份及支付现金方式购买 DZ 公司 100% 股权,并就 DZ 公司业绩承诺进行了约定。由于 DZ 公司 2019 年和 2020 年的实际净利润低于承诺净利润,未完成业绩承诺,触发了业绩补偿义务,DZ 公司原实控人陈某某应向 M 公司补偿现金 1.9 亿元。截至 2021 年 3 月 31 日,陈某某已向 M 公司支付了 1.2 亿元业绩承诺补偿款,剩余业绩承诺补偿款 7 000 万元尚未支付。对于剩余业绩承诺补偿款的收回进展,M 公司所采取的催讨措施效果以及是否就业绩补偿事宜提起诉讼等信息未见公告披露。

一、案例简介

(一) 上市公司基本情况

M 公司成立于 1999 年 7 月,于 2000 年 5 月在深圳证券交易所主板上市交易。截至 2021 年 12 月 31 日,M 公司总股本为 844 578 958 股,控股股东为 TF 公司,持股比例为 37.07%,实际控制人为某地国资委。

M 公司主要从事光纤光缆、智能接入、军工信息化、智慧服务四大业务。其最近三年的财务状况和经营成果如表 1 - 13 - 1 所示。

表 1 - 13 - 1　M 公司基本财务指标

单位:万元

项　　目	2021 年 12 月 31 日	2020 年 12 月 31 日	2019 年 12 月 31 日
总资产	832 383.27	1 008 562.73	708 978.19
总负债	580 329.85	711 073.36	420 494.76
股东权益	252 053.42	297 489.36	288 483.43

项　　目	2021 年	2020 年	2019 年
营业收入	459 083.85	472 242.83	432 835.80
利润总额	−60 090.39	12 362.42	41 663.24
净利润	−60 218.40	5 831.01	30 155.32

（二）标的公司基本情况

标的公司 DZ 公司于 1999 年 7 月成立，主要从事无源光纤网络终端、无线路由器、IPTV 机顶盒、分离器和智能路由器等产品研发、生产和销售，业务模式主要为 ODM①。DZ 公司的主要客户系国内通讯设备供应商，其中 2013 年度、2014 年度前五大客户的销售金额占营业收入的比例分别为 99.44% 和 97.64%。陈某某持有 DZ 公司 75% 股权，为 DZ 公司的控股股东、实际控制人。

被 M 公司收购前，DZ 公司的财务状况和经营成果如表 1-13-2 所示。

表 1-13-2　DZ 公司基本财务指标

单位：万元

项　　目	2014 年 12 月 31 日	2013 年 12 月 31 日
总资产	49 416.70	45 201.97
总负债	35 641.51	33 733.08
股东权益	10 755.20	8 468.89
项　　目	2014 年	2013 年
营业收入	43 153.37	41 622.64
营业利润	2 796.98	2 074.42
净利润	2 306.31	1 785.67

---

① 英文 Original Design Manufacture 的缩写，中文译为自主设计制造，指结构、外观、工艺等主要由生产商自主开发，产品以客户的品牌进行销售的一种运营模式。

（三）收购 DZ 公司方案精要

1. 发行股份及现金支付购买资产

2015 年 4 月,M 公司以发行股份及支付现金相结合的方式,购买陈某某、胡某、殷某某及 ZJ 公司等 4 名交易对方合计持有的 DZ 公司 100% 股权,交易作价合计 1.9 亿元,其中支付现金 2 000 万元。DZ 公司原股东各方取得的股份对价和现金对价如表 1-13-3 所示。

表 1-13-3　交易对方取得的股份对价和现金对价

单位: 元

DZ 公司原股东 （交易对方）	交易对价	现金对价金额	股份对价金额
陈某某	142 500 000	3 529 850	138 970 150
ZJ 公司	16 470 150	16 470 150	—
胡某	15 829 850	—	15 829 850
殷某某	15 200 000	—	15 200 000
合计	190 000 000	20 000 000	170 000 000

2. 业绩承诺与补偿协议

（1）业绩承诺期

根据《利润补偿协议》,交易对方中陈某某、胡某及殷某某承诺 DZ 公司 2015 年、2016 年、2017 年的净利润(合并报表口径下扣除非经常性损益后归属于 DZ 公司母公司股东的净利润)分别不低于 3 750 万元、4 688 万元、5 860 万元,三年累计承诺净利润总额不低于 1.429 8 亿元。若在业绩承诺期内任意一个年度实际净利润低于当年承诺净利润但三年实现的累计实际净利润总和不低于 1.429 8 亿元的,视为完成承诺业绩。同时,在业绩承诺期最后年度（即 2017 年）DZ 公司专项审计报告出具后 30 日内,由 M 公司聘请的具有证券、期货相关业务资格的资产评估机构出具 DZ 公司减值测试报告,对 DZ 公司进行减值测试。若 DZ 公司期末减值额大于业绩补偿金额,则承诺方应另行对 M 公司进行资产减值补偿。

（2）补充业绩承诺期

此外,DZ 公司原控股股东陈某某就 DZ 公司 2018～2020 年的业绩单独作出补充承诺如下：即陈某某进一步补充承诺 DZ 公司 2018 年、2019 年、2020 年的净利润均不低于 5 860 万元。若补充业绩承诺期内任意一个年度经审计的净利润数低于5 860 万元，陈某某应自该年度 DZ 公司专项审计报告出具日后 30 天内以现金方式一次性向 M 公司补足其差额。

（3）补偿上限

根据《利润补偿协议》，在任何情况下，因 DZ 公司实际净利润数不足承诺净利润数而发生的补偿及因减值而发生的补偿数额之和不得超过本次 DZ 公司的交易价格（即 1.9 亿元）。

（四）业绩实现情况

根据 RH 会计师事务所出具的《关于发行股份及支付现金购买资产 2015 年业绩承诺实现情况的专项审核报告》《关于发行股份及支付现金购买资产 2016 年业绩承诺实现情况的专项审核报告》《关于发行股份及支付现金购买资产 2017 年业绩承诺实现情况的专项审核报告》，DZ 公司 2015～2017 年累计实现的净利润为2.081 702 亿元，已实现 DZ 公司原股东陈某某、胡某及殷某某的三年累计承诺。

而根据 TZ 会计师事务所（特殊普通合伙）出具的《关于发行股份及支付现金购买资产 2019 年业绩承诺完成情况说明审核报告》《关于发行股份及支付现金购买资产 2020 年业绩承诺完成情况说明审核报告》，2019 年以来 DZ 公司受疫情及中美贸易摩擦影响，市场芯片短缺，主要客户订单减少，致使其销售量下降。DZ 公司2019 年、2020 年实现的扣非归母净利润分别为 20 512 781.40 元、-361 081 296.86元，未完成 2019 年、2020 年承诺业绩，触发了业绩补偿义务。根据《利润补偿协议》中补偿上限的约定，陈某某应向 M 公司支付现金补偿 1.9 亿元。DZ 公司业绩承诺实现情况如表 1-13-4 所示。

表 1-13-4　DZ 公司业绩承诺实现情况

单位：万元

承诺期	承诺额	实际完成额	差　额	完 成 率
2015	3 750.00	4 483.70	733.70	119.57%
2016	4 688.00	7 376.90	2 688.90	157.36%

续表

承诺期	承诺额	实际完成额	差　额	完 成 率
2017	5 860.00	8 956.42	3 096.42	152.84%
2018	5 860.00	7 027.37	1 167.37	119.92%
2019	5 860.00	2 051.28	−3 808.72	35.00%
2020	5 860.00	−36 108.13	−41 968.13	−616.18%

二、案 例 分 析

（一）行权过程

2022年3月，投服中心通过发送股东函件方式行权，对承诺方陈某某剩余业绩承诺补偿款的支付情况，M公司所采取的具体追责及催讨措施提出质询和建议。

（二）行权内容分析

根据《利润补偿协议》，陈某某的现金补偿款应当在2020年度DZ公司专项审计报告出具日后30天内一次性支付，但陈某某未在约定日期内向M公司进行现金补偿。依据M公司2021半年度报显示，截至2021年3月31日，陈某某已向M公司支付1.2亿元业绩补偿承诺款，剩余业绩承诺补偿款7 000万元尚未偿付。2021年4月，交易所就陈某某未按约履行业绩补偿义务对其给予通报批评的处分。但截至2022年3月，M公司未进一步披露对陈某某剩余业绩补偿款的收回情况，投资者无法知悉该业绩补偿款的问题是否已解决。同时，M公司也未披露其采取了哪些追责及催讨措施，投资者无法知悉管理层是否尽职履责，积极向陈某某追偿。据此，投服中心建议M公司说明陈某某剩余业绩承诺补偿款目前的支付情况以及公司所采取的催讨措施、效果，并请M公司说明是否已对陈某某采取了司法手段追偿，若否，投服中心建议M公司应及时采取司法手段追偿并申请财产保全，降低该业绩承诺补偿款损失的风险，维护上市公司及股东的合法权益。

（三）行权效果

M公司在收到股东质询建议函后，于2022年3月通过邮件方式回函，正面回应投服中心质询的问题并采纳投服中心的建议。

案例 14　N 公司资产收购的关联交易

2022 年 7 月,N 公司公告了《关于拟收购 BKZYG 矿业有限公司 100%股权暨关联交易的公告》(以下简称收购公告),拟使用自有资金 53 531.80 万元收购 BKZYG 矿业有限公司 100%股权。本次交易构成关联交易。

一、案例简介

(一) 上市公司基本情况

N 公司成立于 1986 年 10 月,于 1999 年 4 月在深圳证券交易所主板上市交易。N 公司原是一家以纺织服装为主导产业,集品牌营销、产业咨询、服装、面料、印染、羊绒等为一体的上市公司。2014 年 N 公司发生重大资产重组,主营业务变更为磷复肥的研发、生产和销售。N 公司具有年生产各类高浓度磷复肥 600 万吨的能力,配套生产合成氨 15 万吨、硫酸 280 万吨、编织袋 6 400 万条,产品涵盖磷铵、硫酸钾复合肥、尿基肥、高塔肥、BB 肥、有机-无机复混肥等六大系列 200 多个品种,近年来又研发推出了硝硫基肥、缓控释肥、水溶肥、专用配方肥、生物有机肥等新型肥料。其最近三年的财务状况和经营成果如表 1-14-1 所示。

表 1-14-1　N 公司基本财务指标

单位: 万元

项　　目	2021 年 12 月 31 日	2020 年 12 月 31 日	2019 年 12 月 31 日
总资产	1 313 734.94	1 133 001.19	971 808.13
总负债	491 648.49	420 752.63	302 295.08
股东权益	822 086.46	712 248.56	669 513.04

项　　目	2021 年	2020 年	2019 年
营业收入	1 180 152.66	1 006 853.32	932 749.84
利润总额	151 767.38	119 609.01	81 117.81
净利润	123 244.76	97 173.93	66 055.78

（二）标的公司基本情况

本次关联交易中,标的公司于 2022 年 2 月 25 日取得了湖北省自然资源厅颁发的《采矿许可证》。其最近一年一期的财务状况和经营成果如表 1-14-2 所示。

表 1-14-2　标的公司基本财务指标

单位：万元

项　　目	2022 年 5 月 31 日	2021 年 12 月 31 日
总资产	16 992.38	8 185.66
总负债	9 416.59	549.41
净资产	7 575.80	7 636.25
项　　目	2022 年 1~5 月	2021 年度
营业收入	—	—
营业利润	-60.48	—
净利润	-60.46	—

（三）关联交易公告精要

1. 资产收购标的公司

本次交易,根据评估机构出具的资产评估报告,截至评估基准日 2022 年 5 月 31 日,根据资产基础法评估结果,BKZYG 矿业有限公司资产账面值为 16 992.39 万元,评估值为 74 948.39 万元,增值 57 956.00 万元,增值率为 341.07%;负债账面值为 9 416.59 万元,评估值为 21 416.59 万元,增值 12 000.00 万元,增值率 127.43%;股东全部权益账面值为 7 575.80 万元,评估值为 53 531.80 万元,增值 45 956.00 万元，增值率为 606.62%。

2. 本次交易构成关联交易

本次交易构成关联交易。交易对方 XYF 矿业与上市公司受同一控股股东控制。

二、案例分析

（一）行权过程

2022 年 7 月，投服中心给 N 公司发送股东质询函，对本次交易中标的公司采矿许可证延期的问题进行质询。

（二）行权内容分析

根据公司收购 BKZYG 矿业有限公司 100% 股权的交易方案以及资产评估公司关于对《深圳证券交易所关于对 N 公司的关注函》资产评估相关问题的核查意见，本次评估计算年限为 37.59 年，其中基建期 6 年，生产期 31.59 年。公司公告的采矿许可证上标注的有效期限仅有五年（2022 年 2 月 25 日至 2027 年 2 月 25 日）。根据《矿业权评估指南》以及《矿业权评估收益途径评估方法修改方案》，对矿业权出让评估，国土资源管理部门已确定采矿有效期的，适用采矿有效期。即矿山服务年限短于采矿有效期的，评估计算的服务年限按矿山服务年限计算；矿山服务年限长于采矿有效期的，评估计算的服务年限按采矿有效期计算。从标的公司的评估报告中可以看出矿山服务年限明显长于采矿许可证有效期。请问上市公司采矿许可证延期是否存在风险，延期是否有成本，评估过程中是否考虑了这部分成本。

同月，N 公司通过交易公告的形式回复了投服中心的质询。回复内容如下：

湖北省自然资源厅与 BKZYG 矿业有限公司签订《湖北省采矿权出让合同》，合同约定采矿出让年限为 36 年（含基建期 6 年），出让年限根据《BKZYG 矿业有限公司磷矿采矿权出让收益评估报告》确定。《采矿许可证》证载有效期限为 5 年，具体为 2022 年 2 月 25 日至 2027 年 2 月 25 日。出让合同与许可证存在期限差异的原因是出让合同约定采矿权出让收益为 20 347.99 万元，首期缴纳 8 347.99 万元，剩余 12 000.00 万元将于 2023 年 4 月 30 日前、2024 年 4 月 30 日前各缴纳 6 000.00 万元。截至评估基准日 BKZYG 矿业有限公司已缴纳首期出让收益 8 347.99 万元，剩余未到期出让收益 12 000.00 万元尚未支付,待缴清全部出让收益后,采矿权人可办理许可续期,许可续期不会产生新的费用。

根据《出让收益评估报告》,其评估计算年限为 36 年(含基建期 6 年),根据《矿业权出让收益评估应用指南(试行)》的相关规定,采用折现现金流量法和收入权益法评估,该矿山全部资源储量都已计算采矿权出让收益。本次评估目的为股权收购,根据《开发利用方案》中相关经济参数的设计选取,本次评估计算年限为 37.59 年(含基建期 6 年),该矿山全部资源储量参与评估计算,与《出让收益评估报告》评估口径一致。

综上所述,采矿许可证到期续期不存在障碍,资产评估计算年限的确定过程合理。截至评估基准日尚有未到期采矿权出让收益 12 000.00 万元未支付,由于本次无形资产评估范围为采矿权完整权利价值,因此在评估过程中在其他应付款科目增加未付采矿权出让收益 12 000.00 万元。评估机构已考虑未付出让收益对评估价值的影响。

案例15　O公司参股子公司未履行业绩承诺

2019年1月,O公司通过自有资金受让张某松和LD公司持有的中山某公司35%股权,并约定了业绩承诺。2022年4月,O公司公告了《关于调整对外投资项目相关业绩承诺的公告》,拟调整业绩承诺,对此深圳证券交易所下发关注函,O公司在回函时称决定撤销董事会审议通过的调整业绩承诺的相关议案,将与业绩承诺方重新谈判。

一、案 例 简 介

(一)上市公司基本情况

O公司成立于2003年7月,于2011年4月在深圳证券交易所上市交易。发布调整业绩承诺公告时,O公司收盘价为20.53元/股,总股本为912 370 038股,总市值187.31亿元。O公司的第一大股东为江某钧,持股比例20.50%,实际控制人为柯某生和江某钧。

O公司为消费者提供全屋定制家居方案,从事全屋家具(包括衣柜、橱柜、门窗、墙板、地板、家品、家电等)的设计研发和生产销售,是行业内首家A股上市公司。公司旗下拥有全渠道多品牌矩阵,实现定制家居市场全覆盖,全品类覆盖衣、橱、门、窗、墙、地、电等。

O公司最近两年一期的财务状况和经营成果如表1-15-1所示。

表1-15-1　O公司基本财务指标

单位:万元

项　　目	2022年9月30日	2021年12月31日	2020年12月31日
总资产	1 262 827.71	1 242 753.87	1 086 802.01
总负债	648 663.30	649 133.73	424 569.19

项　　目	2022 年 9 月 30 日	2021 年 12 月 31 日	2020 年 12 月 31 日
股东权益	614 164. 40	593 620. 14	662 232. 82
项　　目	2022 年 1~9 月	2021 年	2020 年
营业收入	793 383. 14	1 040 709. 49	835 283. 23
利润总额	97 584. 21	44 596. 92	152 101. 91
净利润	81 850. 03	15 390. 63	122 400. 64

（二）对外投资情况

1. 对外投资概述

O 公司于 2019 年 1 月使用自有资金合计 3 397. 33 万元增资参股中山某公司；其中，使用自有资金 2 744 万元受让张某松持有的中山某公司 15%股权，受让 LD 公司持有的中山某公司 20%股权；使用自有资金 653. 33 万元以增资方式增持中山某公司 5%股权，转让及增资价格为每 1 元出资额 2. 8 元。增资完成后，O 公司持有中山某公司 40%的股权。此次对外投资不构成关联交易，不构成重大资产重组，在董事会审批权限内，无需提交公司股东大会审议批准。

2. 标的公司情况介绍

中山某公司主营业务为木门及装修工程木质装饰面产品的研发、生产和销售。中山某公司主要产品为实木复合门和装修工程木质装饰面产品。中山某公司现拥有自动化和半自动化木门生产线，与保利地产、中海地产等国内知名房地产企业建立了长期战略合作伙伴关系。中山某公司早期以五星级酒店、别墅、酒店的装饰装修工程的木质产品生产销售为主，2018 年 7 月，中山某公司中标保利房地产（集团）股份有限公司（以下简称"保利地产"）"2018~2021 年油漆木质户内门总部集中采购项目"，确定中山某公司为保利地产全国区域油漆木质户内门总部集中采购供应商之一，合作期限 3 年。从 2018 年 7 月~2021 年 7 月，由中山某公司向保利地产广东区域（广东公司、粤东公司）在建和即将开发的地产项目提供油漆木质户内门及产品的安装、售后服务。

截至 2018 年 12 月 31 日，标的公司营业收入总计 810. 03 万元，标的公司资产总计 3 679.36 万元,负债总计 1 417.33 万元,净资产 2 262.04 万元,净利润-154.30 万元。(以上数据未经审计)。根据中山某公司出具的说明,中山某公司在 2018 年为了满足集采业务的需求,全面改良原有的生产线,导致了长时间的停产,影响了当年的业务,预计在 2019 年正常运营后,出货量及毛利率、费用率等指标将逐步恢复正常水平。

3. 原业绩承诺情况

根据增资合同约定,公司与张某松、LD 公司签订业绩承诺,张某松、LD 公司承诺中山某公司在 2019 年、2020 年、2021 年三个会计年度内扣除非经常性损益后的净利润分别不低于 1 000 万元、2 000 万元和 3 000 万元。在业绩承诺期内最后一个年度,如中山某公司扣除非经常性损益后的净利润累计达到 6 000 万元,公司有权进一步收购张某松持有的部分中山某公司股权(张某松须长期持有该公司部分股权),收购价、具体数量由双方协商确认。如三个会计年度内出现未实现业绩承诺的,则公司有权要求张某松、LD 公司按每 1 元出资额 2.8 元的价格及转让比例向公司回购其持有的中山某公司股权。

4. 原定业绩承诺调整方案

2022 年 4 月,因中山某公司未完成 2021 年业绩承诺要求,公司召开第五届董事会第四次会议审议通过了《关于调整对外投资项目相关业绩承诺的议案》,调整后业绩承诺为中山某公司在 2019 年、2020 年、2021 年、2022 年、2023 年、2024 年六个会计年度扣除非经常性损益后的净利润累计不低于 6 000 万元。在业绩承诺期内最后一个年度,如中山某公司扣除非经常性损益后的净利润累计达到 6 000 万元,公司有权进一步收购张某松持有的部分股权(张某松须长期持有部分戊方股权),收购价、具体数量由双方协商确认。

公告的变更原因为:自 2020 年起受新冠疫情全球蔓延及地产政策宏观调控的影响,导致外部政策环境和市场环境相较 2019 年作出业绩承诺时的环境发生了重大变化,影响了订单需求,订单产能没有正常发挥,该业绩承诺期不属于正常生产经营年度。此外,2020 年 2 月 10 日,全国人大常委会法制工作委员会明确指出因新冠疫情不能履约的,可按不可抗力免责,因此在对赌期尚未到期及新冠疫情尚未完全控制的情况下,与原股东关于对赌赔偿的实现尚存在一定争议。

5. 撤销调整议案

2022 年 4 月,深圳证券交易所下发关注函,要求 O 公司:① 对照 O 公司增资中山某公司时签订相关协议的具体条款,说明相关业绩承诺是否为《上市公司监管指引第四号——上市公司及其相关方承诺》(以下简称《监管指引第四号》)第 12 条规定的不得变更、豁免的承诺;② 具体说明本次调整业绩承诺内容是否符合《监管指引第四号》第 13 条规定的可以变更、豁免的情形;③ 根据《监管指引第四号》第 14 条的规定,"除因相关法律法规、政策变化、自然灾害等自身无法控制的客观原因外,变更、豁免承诺的方案应提交股东大会审议"。请说明本次调整业绩承诺已履行的审议程序,是否存在违反《监管指引第四号》第 14 条规定的情形。同时,根据《监管指引第四号》第 15 条的规定,说明是否存在超期未履行承诺的情形;④ 本次调整业绩承诺由中山某公司三年累计实现净利润 6 000 万元变更为中山某公司六年累计实现净利润 6 000 万元,同时,取消了关于在未实现业绩承诺时 O 公司"有权要求张某松、LD 公司按每 1 元出资额 2.8 元的价格及转让比例回购 O 公司持有的中山某公司股权"的内容。请 O 公司说明本次调整业绩承诺方案是否合法合规、是否有利于保护上市公司的利益。

O 公司回复公告中称:经公司董事会及管理层讨论后,公司决定撤销第五届董事会第四次会议审议通过的《关于调整对外投资项目相关业绩承诺的议案》,并已经公司第五届董事会第五次会议审议通过。公司尽快与中山某公司及业绩承诺方重新谈判,督促其尽快完成业绩承诺。公司将根据最新的监管规定,从充分保护上市公司利益的角度,落实中山某公司及业绩承诺方的业绩承诺。如有最新进展,公司将及时履行信息披露义务。

二、案例分析

(一)行权过程

2022 年 9 月,投服中心通过发送股东函件方式行权,对 O 公司调整对外投资项目相关业绩承诺的进展进行质询。

(二)行权内容分析

公司公告称,受新冠疫情影响,中山某公司主营业务的外部政策环境和市场环境相较 2019 年作出业绩承诺时的情况发生了重大变化,难以按照原来的目标完成业绩承诺,故 2022 年 4 月 11 日公司召开董事会审议通过了《关于调整对外投资项目相关业绩承诺的议案》,拟将原业绩承诺,即中山某公司在 2019～2021 年三个会计年度内扣除非经常性损益后的净利润分别不低于 1 000 万元、2 000 万元和 3 000 万元,调整为中山某公司在 2019～2024 年六个会计年度扣除非经常性损益后的净利润累计不低于 6 000 万元。4 月 18 日,深圳证券交易所对相关事项下发关注函,公司在回复时披露,公司决定撤销上述调整业绩承诺的议案,且公司将尽快与中山某公司及业绩承诺方重新谈判,督促其尽快完成业绩承诺。公司临时报告及 2022 年半年报均未披露相关事项的后续进展,请公司说明调整中山某公司业绩承诺相关事项的后续进展情况。

案例 16　P 公司资金占用及违规担保

2021 年 8 月,P 公司公告了《关于 P 公司及相关当事人给予纪律处分的决定》（以下简称《纪律处分决定》），认定 P 公司及相关当事人存在控股股东及其关联方非经营性资金占用、违规对外提供担保等行为。截至 2022 年 8 月底,P 公司公告称控股股东资金占用问题仍未解决,公告中未披露 P 公司是否就前期的违规担保实际承担了担保责任。

一、案　例　简　介

（一）上市公司基本情况

P 公司成立于 1991 年 6 月,于 1993 年 10 月在深圳证券交易主板上市交易。截至 2022 年 8 月底,P 公司总股本为 580 772 873 股,控股股东为 NYN 集团,持股比例为 31.50%,实际控制人为杨某某。

公司以绿色农药及其上下游一体的"三药"中间体科研制造为主业,是一家以国际贸易、农资连锁、农村云商为市场支撑的全球化、全产业链的农业生命科学高新技术公司。其最近三年的财务状况和经营成果如表 1 - 16 - 1 所示。

表 1 - 16 - 1　P 公司基本财务指标

单位：万元

项　　目	2021 年 12 月 31 日	2020 年 12 月 31 日	2019 年 12 月 31 日
总资产	911 602.74	743 421.84	920 900.61
总负债	59 159.17	410 852.98	459 258.07
股东权益	55 394.59	400 890.70	448 752.76

项　　目	2021 年	2020 年	2019 年
营业收入	468 338.20	402 199.52	461 445.45
利润总额	−382 174.58	−15 906.34	−35 609.16
净利润	−376 195.98	−14 908.66	−33 683.99

（二）资金占用及违规担保的基本情况

P 公司于 2022 年 7 月 5 日发布的《关于对深圳证券交易所年报问询函回复的公告》显示，截至 2021 年 12 月 31 日，P 公司因控股股东 NYN 集团及其关联方 HTY 集团非经营性资金占用事项形成的其他应收款余额为 304 177.77 万元。NYN 集团已于 2021 年 6 月 3 日被南京市高淳区人民法院裁定进入重整程序，公司前期已根据重整程序规定向 NYN 集团管理人进行债权申报。P 公司公告中未披露公司是否就前期的违规担保实际承担了担保责任。

二、案　例　分　析

（一）行权过程

2022 年 9 月，投服中心通过发送股东函件方式行权，对 P 公司违规对外担保后的责任承担情况、向 NYN 集团管理人申报债权的具体情况、对资金占用相关责任人提起诉讼进行追偿等事宜进行质询和建议。

（二）行权内容分析

1. 关于 P 公司违规对外担保后的责任承担情况

2021 年 8 月 26 日，深圳证券交易所向 P 公司及相关当事人下发了《纪律处分决定》，认定 P 公司在 2020 年 5 月 7 日至 2020 年 7 月 22 日为 HTY 集团提供担保的金额超出股东大会审议的担保总额，超额资金为 22 025.35 万元，公司未能及时履行相应审议程序和信息披露义务，构成违规对外担保。需说明截至目前 P 公司是否就该违规担保实际承担了担保责任，若是，请说明实际承担的担保责任金额。

2. 关于 P 公司向 NYN 集团管理人申报债权的具体情况

P 公司于 2022 年 7 月 5 日发布的《关于对深圳证券交易所年报问询函回复的公告》显示,截至 2021 年 12 月 31 日,P 公司因控股股东 NYN 集团及其关联方 HTY 集团非经营性资金占用事项形成的其他应收款余额为 304 177.77 万元。NYN 集团已于 2021 年 6 月 3 日被南京市高淳区人民法院裁定进入重整程序,公司前期已根据重整程序规定向 NYN 集团管理人进行债权申报。请 P 公司说明截至目前 NYN 集团非经营性资金占用余额及向 NYN 集团申报债权的实际金额,逐笔列示前述资金占用情况及债权申报情况(包括占用时间、占用方、发生原因、支付途径等,以及各笔债权的申报时间、申报金额等),如未全额申报,请说明具体理由及后续对差额部分债权的追偿措施。

3. P 公司是否已要求相关责任人承担赔偿责任

深圳证券交易所下发的《纪律处分决定》显示,P 公司实际控制人杨某某、董事兼总经理赵某某等对控股股东及其关联方非经营性资金占用、公司违规对外提供担保负有重要责任。P 公司章程第 40 条规定,"公司董事、监事、高级管理人员有义务维护公司资金不被控股股东占用……对负有严重责任的董事、监事,由公司监事会提议公司董事会召开股东大会启动罢免程序,并要求其承担赔偿责任,涉及违法犯罪的移送司法机关追究刑事责任"。鉴于 P 公司控股股东及其关联方非经营性资金占用至今尚未解决,已严重损害上市公司利益,需要公司说明是否已经按照公司章程规定要求《纪律处分决定》认定的相关责任人承担赔偿责任。如无,建议 P 公司尽快向相关责任人提起诉讼进行追偿。

案例 17 Q公司违反股东大会决议进行关联交易

2022年9月29日，黑龙江证监局向投服中心移交Q公司违反股东大会决议进行关联交易的线索，建议投服中心对其行权。

一、案例简介

（一）上市公司基本情况

Q公司成立于1993年6月，其前身为YL公司。2003年，QT公司通过司法拍卖程序成为Q公司的控股股东。截至2021年末，Q公司总股本为340 000 000股，控股股东为QT公司，持股比例为44.43%，实际控制人为陈某某、林某某、林某某。

Q公司是一家主营生产销售各类汽车轮胎的企业。其最近三年的财务状况和经营成果如表1-17-1所示。

表1-17-1 Q公司基本财务指标

单位：万元

项　　目	2021年12月31日	2020年12月31日	2019年12月31日
总资产	334 009.02	295 179.56	303 674.06
总负债	158 456.92	125 569.48	135 432.87
股东权益	175 552.10	169 610.07	168 241.19
项　　目	2021年	2020年	2019年
营业收入	334 188.13	280 304.72	307 011.82
利润总额	10 438.38	16 609.57	24 321.64
净利润	7 812.03	12 467.20	18 033.60

（二）违反股东大会决议开展关联交易的基本情况

1. 关联交易议案被股东大会多次否决

从 2020 年起,公司年度日常关联交易计划的议案共提交了 6 次股东大会,均被否决。尽管如此,公司仍然照常开展关联交易,2020 年度和 2021 年度实际发生日常关联交易总金额分别为 37.71 亿元和 39.15 亿元。

2. 被出具无法表示意见的审计报告,Q 公司面临退市风险

Q 公司 2021 年年报被年审会计师出具无法表示意见的审计报告,YT 会计师事务所(特殊普通合伙)发表无法表示意见的理由和依据为:"Q 公司 2020 年度和 2021 年度日常关联交易预计总金额分别为 46.56 亿元和 44.66 亿元,Q 公司 2020 年度和 2021 年度实际发生日常关联交易总金额分别为 37.71 亿元和 39.15 亿元。Q 公司连续两年日常关联交易未获股东大会审议通过。公司违反股东大会决议仍进行了关联交易。因此我们认为上述事项对财务报表可能产生的影响重大且具有广泛性。截至审计报告出具日之前,Q 公司未能提供股东大会审议通过关联交易的证据,我们无法获取充分、适当的审计证据就未获得股东大会授权的关联交易违反《上海证券交易所股票上市规则(2020 年修订)》等相关规定,判断对财务报表的影响。除上述无法表示意见涉及的事项外,我们没有其他需要在审计报告中披露的其他审计重要事项。"

根据《上海证券交易所股票上市规则》,Q 公司股票自 2022 年 5 月 5 日起被实施退市风险警示。截至线索分析日,Q 公司 2022 年度日常关联交易议案未获得股东大会审议通过,相关关联交易仍在进行,无法表示意见所涉事项仍未消除,公司面临终止上市风险。

二、案 例 分 析

（一）行权过程

2022 年 11 月,投服中心通过发送股东函件方式对 Q 公司违反股东大会决议进行关联交易的事项行使股东质询权。

（二）行权内容分析

公告显示,因 2020 年及 2021 年连续两年日常关联交易未获股东大会审议通

过，而公司违反股东大会决议仍进行上述关联交易，年审会计师对公司 2021 年年报出具无法表示意见的审计报告。根据《上海证券交易所股票上市规则（2020 年修订）》，公司股票自 2022 年 5 月 5 日起被实施退市风险警示。截至目前，公司 2022 年度日常关联交易议案未获得股东大会审议通过，相关关联交易仍在进行，无法表示意见所涉事项仍未消除，公司面临终止上市风险。

违反股东大会决议进行关联交易是公司治理混乱的体现，请公司披露不遵守股东大会决议开展关联交易的原因、过程、决策流程、主要责任人以及消除终止上市风险的措施与进展。

（三）公司回复情况

2022 年 11 月 15 日，Q 公司以公告形式对以上问题进行回复。Q 公司回复称，日常关联交易是目前维系公司正常经营并持续盈利所必需的，也未损害公司利益。如果在没有完善可行的解决或替代方案之前贸然取消日常关联交易，将引发公司业务严重受损而导致巨额亏损，公司将难以持续正常经营，这会对公司及全体流通股东和非流通股东的利益造成不可逆转的重大损失。因此，在继续进行未经过股东大会审批的日常关联交易并存在违规风险和根据股东大会决议贸然停止关联交易的两难抉择中，考虑到维持公司正常经营避免产生巨额亏损甚至因业务及现金流恶化导致破产等带来的严重后果，只能选择继续进行日常关联交易。同时，公司将继续加强与中小股东沟通交流，并在此基础上根据公司的实际情况重新履行相应的审批程序。

案例18　R公司业绩补偿款未收回

2022年11月,R公司发布公告称,2018年8月上市公司以11 730万元获得CSTY公司51%股权。根据股权转让协议以及CSTY业绩完成情况,标的公司原股东CYH、WYJ应补偿上市公司17 339.97万元,截至公告日,上市公司尚未全额收回业绩补偿款,且已与CYH、WYJ就业绩补偿事项进行多次沟通,截至目前,尚未形成切实可行的解决方案。

一、案 例 简 介

（一）上市公司基本情况

R公司成立于2001年1月,于2010年7月在深圳证券交易所创业板上市交易。截至2022年三季末,A公司总股本为420 090 164股,控股股东为NJY,持股比例为13.82%,实际控制人为NJY。

公司主要从事工业制动器及其控制系统的研发、设计、制造和销售。其最近三年的财务状况和经营成果如表1-18-1所示。

表1-18-1　R公司基本财务指标

单位:万元

项　　目	2021年12月31日	2020年12月31日	2019年12月31日
总资产	380 005.01	291 210.70	254 784.97
总负债	149 911.59	137 247.93	117 250.09
股东权益	230 093.42	153 962.77	137 534.88

项　　目	2021 年	2020 年	2019 年
营业收入	143 546.84	131 483.06	107 367.55
利润总额	18 553.36	20 129.59	10 975.49
净利润	15 838.19	17 488.05	9 634.69

（二）业绩补偿款未收回的基本情况

2018 年 8 月 31 日，上市公司与 CSTY 及其原股东 CYH、HBZ、WYJ 签订《关于 CSTY 之投资协议》（以下简称《投资协议》），《投资协议》约定：上市公司以人民币 9 200 万元收购原股东 HBZ 持有 CSTY 的 44.94%股权。同时，上市公司以人民币 2 530 万元对 CSTY 进行增资。该项增资完成后，上市公司持有 CSTY 51%股权。2018 年 9 月 28 日，上市公司与 CSTY 及其原股东签订《投资协议之补充协议》（以下简称《补充协议》），增加了在计算业绩补偿金额时需考虑经营性净现金流方面的规定。2022 年 7 月 21 日，上市公司发布《关于未收到 CYH、WYJ 业绩承诺补偿款的提示性公告》，公告显示："根据《投资协议》及《补充协议》相关条款，业绩承诺方 CYH、WYJ 应共同并连带以现金方式对公司进行业绩承诺补偿"，"现金补偿金额为人民币 17 339.97 万元。"2022 年 11 月 1 日，上市公司发布《关于"创业板问询函〔2022〕第 104 号"问询函的回复》。依据回复，上市公司已与 CYH、WYJ 就业绩补偿事项进行多次沟通，截至目前，尚未形成切实可行的解决方案。

同时，根据 2022 年中报显示，上市公司对 CSTY 提供的股东借款尚余 9 707.35 万元未归还，对 CSTY 提供的 3 000 万元担保尚未解除。

二、案 例 分 析

（一）行权过程

2022 年 11 月，投服中心通过发送股东函件方式行权，对 R 公司就业绩补偿款未收回事项提出质询和建议。

（二）行权内容分析

投服中心发函件请上市公司公司披露目前所采取的追偿措施的实际效果，如仍无实际进展，建议上市公司及时采取司法手段向业绩承诺方追偿，同时一并解决上市公司对 CSTY 的股东借款和担保问题。

上市公司回复称，因公司控股子公司 CSTY 航空装备有限公司（以下简称"CSTY"）股东 CYH、WYJ 承诺的 CSTY 2019 年、2020 年、2021 年经营业绩未完成，根据公司与之签订的《投资协议》及《补充协议》，业绩承诺方 CYH、WYJ 应该对公司进行业绩承诺补偿。具体详见公司于 2022 年 4 月 21 日在巨潮资讯网披露的《关于 CSTY 航空装备有限公司业绩承诺实现情况的说明》及于 2022 年 7 月 21 日在巨潮资讯网披露的《关于未收到 CYH、WYJ 业绩承诺补偿款的提示性公告》。

2022 年 11 月 1 日，公司在巨潮资讯网披露了《关于深交所对江西华伍制动器股份有限公司问询函的回复》，对该事项的相关情况进行了进一步披露。

截至目前，公司尚未收到 CYH、WYJ 业绩承诺补偿款。CYH、WYJ 提议由其寻找第三方投资机构按照不低于公司的投资本金加一定收益的方式收购公司持有的 CSTY 全部股权，以彻底解决本次交易业绩承诺未完成的相关问题，截至目前，公司尚未收到相关切实可行的具体方案。

公司将继续与 CYH、WYJ 协商解决方案，若本年度内公司仍未收到补偿款，且相关方未能在本年度内与公司达成切实可行的解决方案，公司将视情况及时采取必要措施维护自身权益，包括但不限于根据《股东质询函》建议，采取司法手段向业绩承诺方追偿，同时一并解决上市公司对 CSTY 的股东借款和担保等问题。

公司为了维护股东利益，自始至终积极与对方沟通，寻求各种可能的股东利益最大化的解决方案。公司将及时披露进展情况，并视情况采取进一步的法律措施以维护上市公司股东利益。

案例 19 S 公司出售资产

2022 年 11 月 7 日,上市公司 S 公司拟作价 4.092 亿元向 CT 公司等 14 方投资机构出售所持 DW 公司 31% 股权,同时 CT 公司拟出资 1.5 亿元对 DW 公司进行增资。交易完成后,S 公司对 DW 公司的持股比例由 51% 降至 18.064 5%,不再纳入合并报表范围。本次交易不构成关联交易,也不构成重大资产重组。

一、案 例 简 介

（一）上市公司基本情况

S 公司成立于 2001 年,于 2016 年在深交所创业板上市。李某持有 S 公司 14.06% 股权,为第一大股东,但因 S 公司股权结构分散,单个直接持股股东及间接持股股东持股比例均未超过 30%,任何股东均无法单独通过可实际支配的股份表决权决定董事会半数以上成员选任,且不能确保对股东大会的决议产生足够重大影响,S 公司审慎判断为无实际控制人。

S 公司自设立以来主营业务一直为电力电子装置用纯水冷却设备及控制系统的研发、生产及销售,现逐步成为电力电子行业热管理整体解决方案提供商,主要产品包括直流水冷产品、新能源发电水冷产品、柔性交流水冷产品、电气传动水冷产品以及各类水冷设备的控制系统。在经营业绩上,自 2021 年归母净利润下降 20.29% 至 6 454.81 万元之后,2022 年前三季度,S 公司实现营业收入 14.22 亿元,同比增长 33.84%;归母净利润 147.45 万元,同比减少 95.88%;而扣非归母净利润由盈转亏 1 689.69 万元,同比减少 159.80%。

（二）标的公司基本情况

DW 公司成立于 2008 年,主营业务为新能源汽车动力电池加热、隔热、散热及汽车电子产品的研发、生产及销售,主要产品包括动力电池热管理产品(加热膜、隔热棉、缓冲垫)和汽车电子产品(柔性电路板 FPC、集成母排 CCS),正在研发动力电池液冷散热系统产品。现有产品已为新能源汽车锂电池行业及新能源整车行业客户所使用。

1. 股权结构

S 公司在 2019 年 10 月以现金 2.04 亿元收购了严某红、戴某特、马某斌、王某刚合计持有的 DW 公司 51% 股权,成为控股股东。在本次交易前,除 S 公司持有 DW 公司 51% 股权外,剩余 4 名股东严某红、戴某特、马某斌、王某刚为一致行动人,合计持有 DW 公司 49% 股权,详见表 1－19－1。本次交易完成后,S 公司持股比例降至 18.064 5%,严某红及其一致行动人合计持股 44.258 1%,成为 DW 公司的实际控制人。

表 1－19－1　本次交易前 DW 公司股权结构

序　号	股东名称	持股比例(%)
1	S 公司	51.000 0
2	严某红	38.220 0
3	戴某特	9.065 0
4	马某斌	0.980 0
5	王某刚	0.735 0

2. 经营业绩

2019 年以来,DW 公司的收入和利润均呈现快速增长,详见下表 1－19－2。尤其 2021 年以来增速加快,其中 2021 年营业收入增速为 147.66%,净利润增速为 66.77%,2022 年上半年,实现营业收入 6.07 亿元,同比增长 85.14%,实现净利润 4 456.82 万元,同比增长 15.47%。主要原因是受中国新能源汽车行业整体政策利好影响,动力电池产量和装车量的大幅提升,DW 公司的动力电池热管理产品和汽车电子产品的销量增长显著。DW 公司经营业绩如表 1－19－2 所示。

表 1－19－2　DW 公司经营业绩

单位：万元

	2019 年	2020 年	2021 年	2022 年 1~6 月
营业收入	26 635.52	33 672.12	83 393.49	60 700.95
收入增长率	37.43%	26.42%	147.66%	85.14%
营业成本	17 566.81	23 112.72	63 529.28	48 561.33
销售毛利率	34.05%	31.36%	23.82%	20.00%
净利润	3 727.14	4 451.13	7 423.00	4 456.82
净利润增长率	43.99%	19.42%	66.77%	15.47%
销售净利率	13.99%	13.22%	8.90%	7.34%
经营活动现金流量净额	-7 723.94	-9 095.05	2 088.54	-11 037.71

（三）出售方案精要

本次 S 公司出售 DW 公司 31% 股权，交易完成后不再将其纳入合并报表范围。以 2022 年 6 月 30 日为评估基准日，DW 公司净资产为 30 064.89 万元，最终选用收益法评估结果作为结论，评估值为 128 681.89 万元，评估增值 328.01%。参考上述估值，经交易各方协商，按照 DW 公司整体估值 132 000 万元，确定 DW 公司 31% 股权的交易对价为 40 920 万元。

二、案 例 分 析

（一）行权过程

2022 年 11 月 17 日，投服中心向 S 公司发送了股东函，质询本次交易对上市公司核心竞争力及后续经营业绩的影响，本次交易后上市公司依旧为 DW 公司提供担保的合理性。

（二）行权内容分析

1. 本次出售是否影响上市公司核心竞争力

自 2019 年收购 DW 公司 51% 股权后，S 公司便存在两项业务，一是传统水冷业务;二是 DW 公司经营的新能源汽车动力电池热管理和电子制造业务。2019~2021 年及 2022 年 1~6 月,DW 公司分别实现营业收入 26 635.52 万元、33 672.12 万元、83 393.49 万元、60 700.95 万元,同比增长 37.43%、26.42%、147.66%、85.14%;分别实现净利润 3 727.14 万元、4 451.13 万元、7 423.00 万元、4 456.82 万元,同比增长 43.99%、19.42%、66.77%、15.47%,营业收入和净利润持续快速增长。根据 S 公司披露的合并范围及 DW 公司营业收入、归母净利润,扣除 DW 公司经营数据后,2019~2021 年及 2022 年 1~6 月水冷业务实现的营业收入分别为 78 872.89 万元、89 151.11 万元、84 534.84 万元及 23 098.35 万元,2021 年下降 5.18%,2022 年上半年仅为 2021 年的 27.32%;归母净利润分别为 5 269.29 万元、6 000.91 万元、2 820.82 万元及-2 370.17 万元,2021 年下降 52.99%,2022 年上半年已经亏损。本次出售 DW 公司 31%股权,S 公司将失去一项持续增长业务的控制权,保留的水冷业务的盈利能力近一年一期处于下滑状态,主营业务结构发生重大变化。投服中心问询此次交易是否会降低 S 公司的核心竞争力,并请提示相关风险。

2. 本次出售是否影响上市公司后续经营业绩

2021 年及 2022 年 1~6 月,DW 公司已成为 S 公司收入和利润的主要来源,营业收入贡献占比分别为 49.66%、72.43%,净利润贡献占比为 56.30%、1 240.44%。本次出售后,DW 公司不再纳入上市公司合并报表范围,将导致 S 公司盈利能力下降,且剩下的水冷业务在 2022 年上半年已经亏损。S 公司表示本次出售所得 40 920 万元将用于水冷业务的发展。投服中心问询本次交易对上市公司后续经营业绩的影响,以及确保水冷业务扭亏为盈的措施安排。

3. 为 DW 公司持续提供担保的合理性及担保保障措施的充分性

S 公司为 DW 公司提供的担保中有 21 322.96 万元尚在履行中,其中绝大多数担保起始日在 2022 年 5 月之后,担保期限为债务到期后 3 年。S 公司表示上述担保暂不提前解除,采取的风险防范措施为由 DW 公司现少数股东为担保额度的 49%提供反担保,以及向 DW 公司收取担保费。但是本次交易完成后,S 公司仅持有 DW 公司 18.064 5%股权,失去控制权,无法对其生产经营、财务往来等进行有效管控,对其经营风险及还款能力难以有效判断。投服中心请上市公司说明本次交易后仍持续为 DW 公司提供担保的合理性,以及上述保障措施是否充分,并提示可能存在承担担保责任的风险。

2022年11月22日，S公司对投服中心的股东函以公告形式进行了回复，回复内容中部分是对交易公告的复述，较为简单。一是本次出售股权不影响上市公司核心竞争力，因DW公司将不再纳入上市公司合并报表范围，短期内会对营业收入、净利润、每股收益造成一定的影响。二是本次交易完成后，不影响上市公司水冷主营业务，将持续加大在水冷领域的研发及业务发展，加大在电力领域、储能领域、数据中心领域投入，以拓宽产品的应用场景；将加大技术研发及产品升级，并对供应链体系进行整合，以保障重要零部件的供应，并持续管控期间费用，以此达到降本增效的目的。三是若短期内解除对DW公司的担保将导致DW公司银行贷款减少，不利于其正常经营，基于DW公司三年的经营状况及严某红等提供的反担保责任，认为继续提供必要的担保以保障DW公司正常经营具有合理性。

案例 20　T 公司业绩承诺未履行行权案例

上市公司 T 公司于 2016 年向其控股股东 YY 公司发行股份购买 SJ 公司 100%股权,交易价格 19.70 亿元。YY 公司对 SJ 公司 2016～2018 年的业绩作出了承诺,实际上累计完成率为 76.44%,但 2018 年业绩补偿一直未完成,构成超期未履行承诺。投服中心于 2022 年 12 月,向 T 公司发送了股东函,质询 T 公司是否采取了有效措施解决业绩承诺补偿事项。

一、案例简介

(一)上市公司基本情况

T 公司原实际控制人为贵州省国资委,2015 年进行了控制权变更并延续至今,YY 公司为控股股东,截至 2022 年 12 月持股 26.44%;丁某洪为实际控制人,直接及间接持股 27.61%。T 公司目前为医药健康+化工双主业,包括氮肥和甲醇的生产销售、医药制造及流通业务,2022 年前三季度实现营业收入 19.28 亿元,同比上升16.52%;归母净利润−2.23 亿元,同比下降 287.62%;扣非净利润−2.28 亿元,同比下降 298.32%。

(二)标的公司基本情况

SJ 公司成立于 1996 年,主营业务为医药制造,分为药品、医疗器械和保健品三大类,其中药品主要为糖尿病药物,包括"圣平"格列美脲片、"圣敏"盐酸罗格列酮片、"圣妥"盐酸二甲双胍肠溶片、"圣特"盐酸二甲双胍肠溶片;医疗器械主要为血糖仪产品。

(三)业绩承诺未完成事项回顾

2016 年 9 月,T 公司以发行股份的方式收购 SJ 公司 100%股权,以 2015 年 12 月 31 日为基准日,采用收益法评估,SJ 公司 100%股权的评估值为 197 133.06 万元,归母所有者权益为 20 346.64 万元,评估增值率为 868.87%,并以上述评估值为基础确定交易对价为 197 000 万元。YY 公司承诺 SJ 公司 2016~2018 年实现扣非归母净利润分别不低于 15 025.73 万元、21 023.08 万元、26 072.37 万元,如未实现承诺,则以股份方式进行补偿。

1. SJ 公司为完成业绩承诺虚增业绩

2016 年 SJ 公司仅实现营业收入 4.88 亿元,扣非净利润 1.33 亿元,未达成业绩承诺。为了避免履行补偿义务,SJ 公司通过向物流公司支付税点,虚开发票,虚构运输及销售过程,大股东通过借款给客户再由客户转回给 SJ 公司的方式虚构销售回款;通过向业务员销售货物,再由大股东提供资金给业务员的方式虚构业务。同时,通过向供应商支付税点,虚开发票的方式制造原材料和包装物采购入库的假象。经过上述操作,SJ 公司 2016 年虚增营业收入 3 889.37 万元,营业成本 809.29 万元,净利润 2 282.24 万元,全年营业收入合计 5.27 亿,扣非净利润 1.53 亿,业绩承诺完成率 101.81%,刚刚达标,免于赔偿。

上述虚增收入、净利润情况由贵州证监局 2017 年在现场检查中发现,2017 年 12 月贵州证监局向上市公司出具《行政监管措施决定书》。2018 年 4 月上市公司对 SJ 公司业绩承诺实现情况进行了调整。2019 年 6 月上市公司及相关责任人被上交所予以纪律处分。

2. 业绩承诺未完成且业绩补偿未履行

SJ 公司 2016~2018 年的业绩承诺实际完成率分别为 62.23%、84.93%、77.79%,均未完成承诺,3 年业绩承诺的累计完成率为 76.44%,具体如表 1-20-1 所示。

表 1-20-1　SJ 公司业绩承诺完成情况

单位:万元

	承诺业绩	实际业绩	业绩实现率
2016 年	15 025.73	9 350.14	62.23%
2017 年	21 023.08	17 855.66	84.93%
2018 年	26 072.37	20 282.37	77.79%
合　计	62 121.18	47 488.17	76.44%

YY 公司 2016 年、2017 年分别应补偿 9 015.31 万元、9 554.19 万元,根据业绩承诺补偿协议的相关规定,上市公司已于 2018 年以 1 元的价格回购注销 YY 公司持有的上市公司 4 318.488 万股股份,履行了 2016 年及 2017 年的业绩补偿义务。截至 2022 年中报,YY 公司仍有 2018 年业绩补偿尚未完成,对应补偿金额为 27 835.01 万元,折合股份数量为 6 473.258 万股。因超期未履行承诺,上交所于 2022 年 8 月对 YY 公司予以公开谴责,贵州证监局于 2022 年 12 月对 YY 公司出具了警示函。

二、案 例 分 析

2022 年 12 月 14 日,投服中心向 T 公司发送了股东质询函,质询上市公司是否采取了有效措施解决业绩承诺事项。具体内容如下。

T 公司披露补偿义务尚未履行的原因是 YY 公司持有的上市公司股票的 99.02% 已被质押,无足额股票完成业绩补偿。T 公司与 YY 公司协商约定,YY 公司需尽力解决股票质押问题,一旦 YY 公司股票解除质押,需第一时间完成业绩补偿承诺,但这一约定并未得到有效落实。

T 公司 2020 年年报及相关公告显示,2020 年末 YY 公司通过其全资子公司 CH 公司持有 T 公司股票 82 039 210 股,至 2022 年 11 月 26 日 CH 公司持有的 T 公司股票下降至 2 795 400 股,已合计减持 79 243 810 股,除 39 562 566 股是因强制执行被动减持外,39 681 244 股为主动减持,主动减持资金并未用于解除 YY 公司的股票质押以履行补偿义务。

鉴于上述情况,投服中心请 T 公司说明下一步拟采取哪些有效措施督促 YY 公司进行业绩补偿,是否会采取司法手段向 YY 公司追偿。

T 公司于 2022 年 12 月 23 日进行了函复,对将采取的措施进行了详细说明。

案例 21 U 公司资产出售的交易

2022 年 12 月,U 公司发布了《关于出售下属公司股权暨风险提示性的公告》(以下简称《交易公告》),U 公司全资子公司 JH 公司下属实际经营主体 AW 公司拟将其涉及直升机业务的所有全资子公司 AW 新西兰公司、HL 公司、HH 公司、BX 公司及其下属公司(前述所涉直升机业务公司统称标的公司)100% 股权转让给 SL 航空公司,协议转让价格为 7 500 万新西兰元,折合人民币 30 630.75 万元,本次交易不构成关联交易,也不构成重大资产重组。

一、案例简介

(一)上市公司基本情况

U 公司成立于 2000 年 12 月,于 2010 年 12 月在深圳证券交易所主板上市交易。发布《交易公告》时,U 公司股价为 6.72 元/股,总股本为 800 245 700 股,总市值 50.175 亿元,在本次交易前,U 公司控股股东为 RFKG 公司,实际控制人为吴某、吴某某等三人,控股股东持股比例为 36.52%,实际控制人直接持股比例为 5.07%。

U 公司主要从事数字化智能机床及产线、航空航天智能装备及产线、智能制造生产管理系统软件的研制和服务,以及航空航天零部件加工、航空 MRO、ACMI 及飞机租售等运营服务,已经形成了包括高端智能制造装备及服务、航空运营及服务的综合业务体系。其最近三年的财务状况和经营成果如表 1-21-1 所示。

(二)标的公司基本情况

本次交易中,标的公司包括 U 公司下属 JH 公司的 4 家境外子公司,主营业务为直升机工程运营及租售业务。其最近一年一期的财务状况和经营成果如表 1-21-2 所示。

表 1-21-1　U 公司基本财务指标

单位：万元

项　　目	2021 年 12 月 31 日	2020 年 12 月 31 日	2019 年 12 月 31 日
总资产	727 918.59	634 097.63	582 324.38
总负债	376 617.68	344 386.33	296 577.37
股东权益	351 300.91	289 711.31	285 747.01
项　　目	2021 年	2020 年	2019 年
营业收入	218 476.88	191 457.54	216 004.77
利润总额	8 518.30	14 670.19	23 109.04
净利润	5 083.04	10 800.78	17 687.35

表 1-21-2　标的公司基本财务指标

单位：万元

项　　目	2022 年 9 月 30 日	2021 年 12 月 31 日
总资产	70 655.79	750 238 947.31
总负债	48 193.16	52 531.67
股东权益	22 462.63	22 492.22
项　　目	2022 年 1~9 月	2021 年
营业收入	22 601.76	24 481.93
营业利润	2 210.66	-215.58
净利润	1 299.74	-1 064.32

（三）交易公告精要

1. 出售标的公司股权的历史交易背景

本次拟出售的资产系 U 公司 2018 年向控股股东、HZJQ 公司以及 HZJP 公司收购的 AW 公司直升机业务资产。2018 年，U 公司通过发行股份以 125 000 万元收购

JH公司100%股权，从而间接持有AW公司100%股权，AW公司主要从事固定翼飞机工程运营及租售、直升机工程运营及租售两大业务。2021年年报显示，AW公司的固定翼飞机工程、运营及租售业务的营业收入为90 445.86万元，占U公司总营收的比例为41.39%，直升机工程、运营及租售业务的营业收入为24 350.73万元，占总营收比例为11.15%。本次交易完成后，AW公司不再持有直升机业务资产。

2. 本次交易不构成关联交易及重大资产重组

本次交易不再构成重大资产重组，也不构成关联交易。

3. 本次交易的定价依据

交易公告披露，本次交易是基于U公司业务发展战略并综合考虑当前及未来市场经营环境，经双方充分协商定价，确定本次标的公司100%股权转让价格为7 500万新西兰元（最终成交金额会根据股权交割日的账面营运资本余额与协议签署日的账面营运资本余额的差额进行差额调整）。

4. 本次交易的目的

U公司认为本次出售股权系U公司基于实际经营情况、市场环境及公司未来着重发展高端装备智造领域的战略规划所作的决策，有利于优化资源优势，聚焦高端装备智造领域业务的发展，有利于提高公司整体效益，保障公司持续、健康发展，符合公司发展战略规划和长远利益。

二、案 例 分 析

（一）行权过程

2022年12月16日，投服中心向U公司发送了股东质询函，对本次交易是否影响控股股东继续履行业绩补偿承诺、是否影响资产减值测试及补偿等方面提出质询与建议。

（二）行权内容分析

1. 本次交易是否影响控股股东继续履行业绩补偿承诺

依据2018年重组报告书，控股股东承诺，AW公司在2018～2021年实现的扣非后归母净利润分别不低于2 050万、2 450万、3 000万及3 250万新西兰元。2021年4月，受新冠疫情影响，U公司同意将AW公司业绩承诺期调整为2018年、2019年、

2021 年及 2022 年,承诺业绩分别不低于 2 050 万、2 450 万、3 000 万及 3 250 万新西兰元。AW 公司 2018 年、2019 年及 2021 年均未实现承诺的业绩,控股股东已完成股份补偿 48 628 061 股。但 U 公司《关于对深交所 2022 年三季报问询函的回复》披露,AW 公司 2022 年 1 至 9 月的净利润为 − 14 370.92 万新西兰元,预计无法实现 2022 年的业绩承诺。投服中心请 U 公司说明本次交易是否影响承诺方继续向 U 公司履行 2022 年的业绩补偿承诺。

2. 本次交易是否影响资产减值测试及补偿

2018 年重组报告书显示,控股股东与 U 公司还约定了资产减值补偿承诺,约定承诺期届满后,U 公司应聘请审计机构对 AW 公司进行减值测试,若 AW 公司期末减值额大于承诺期已补偿额(包括股份补偿额及现金补偿额),控股股东应以 U 公司股份或现金方式另行补偿。2018 年,U 公司收购 JH 公司 100% 股权时对 AW 公司确认商誉 66 825.66 万元。2021 年年报显示,截至 2021 年末,U 公司对 JH 公司的累计投资账面余额为 244 210.84 万元。根据 U 公司已披露的《关于计提资产减值准备的公告》及历史年报数据计算,U 公司累计对 AW 公司计提的商誉减值及资产减值已达 159 227.91 万元(包括对 AW 公司全额计提商誉减值 66 825.66 万元)。由于本次资产出售将影响 AW 公司减值测试时资产组的范围,请 U 公司补充说明本次交易是否影响承诺期满后对 AW 公司的减值测试以及承诺方对资产减值补偿的履行。

行权后,U 公司书面函复了投服中心的质询及建议。

案例 22　V 公司出售控股子公司并调整业绩承诺

2022 年 12 月，V 公司公告了《关于出售控股子公司暨业绩承诺调整的公告》，公司全资子公司 GJQJ 公司拟以人民币 16 071.40 万元的价格向 HX 投资出售其持有的某定制家具公司 51% 股权。

一、案 例 简 介

（一）上市公司基本情况

V 公司成立于 1992 年，于 2016 年 10 月在上海证券交易所主板上市交易。本次交易前，V 公司总股本为 821 891 519 股，GJ 集团为 V 公司的控股股东，直接持有 V 公司 26.73% 股权，顾某生、顾某华、王某仙为公司实际控制人。

V 公司主要从事客餐厅、卧室及全屋定制家居产品的研究、开发、生产和销售。其最近三年的财务状况和经营成果如表 1－22－1 所示。

表 1－22－1　V 公司基本财务指标

单位：万元

项　　　目	2021 年 12 月 31 日	2020 年 12 月 31 日	2019 年 12 月 31 日
总资产	1 593 902.24	1 403 796.09	1 225 998.52
总负债	753 594.82	593 430.36	595 943.43
股东权益	840 307.42	710 365.74	630 055.09
项　　　目	2021 年	2020 年	2019 年
营业收入	1 834 195.23	1 366 599.07	1 209 359.31

续表

项　目	2021 年	2020 年	2019 年
利润总额	206 820. 96	119 479. 35	152 216. 83
净利润	170 073. 20	86 661. 91	122 045. 48

（二）标的公司基本情况

本次交易拟出售的资产为某定制家具公司 51% 股权,交易对方为 HX 投资。某定制家具公司成立于 2011 年,主营海绵、乳胶、沙发及床垫产品的研发、生产和销售业务,产品主要销往美国。

2018 年底,GJQJ 公司以 23 724 万元受让 HZ 投资持有的某定制家具公司 35. 57% 股权,以 2 205 万元受让 HX 投资持有的某定制家具公司 3. 308% 股权;股权转让完成后,GJQJ 公司以 16 500 万元对某定制家具公司进行增资。某定制家具公司原实际控制人(刘某滨、刘某冰、刘某彬,以下简称业绩补偿义务人)承诺某定制家具公司 2019~2021 年的净利润分别不低于 5 500 万元、6 500 万元、7 500 万元。如果某定制家具公司没有完成三年总计 17 550 万元(三年总计税后净利润总额的 90%)的净利润业绩承诺,业绩补偿义务人应当进行业绩补偿。

2021 年 11 月,V 公司公告,受新冠肺炎疫情及美国反倾销不可抗力原因的持续影响,V 公司将业绩承诺事项调整为:某定制家具公司 2019 年、2020 年、2022 年的净利润分别不低于 5 500 万元、6 500 万元、7 500 万元,补偿方式及补偿计算方法不变。

某定制家具公司 2019 年、2021 年、2022 年上半年经审计的营业收入和净利润如表 1-22-2 所示。

表 1-22-2　某定制家具公司主要财务数据

单位：万元

项　目	2022 年 1~6 月	2020 年	2019 年
营业收入	22 207. 23	81 342. 76	80 580. 17
净利润	203. 22	1 222. 37	6 675. 11

原业绩补偿权利义务各方基于新冠疫情的后续影响暂时无法评估，美国的反倾政策不断加码，经各方协商一致确认：业绩承诺补偿金额调整为人民币 5 000.00 万元。业绩补偿义务人分 3 次向 V 公司支付共计 5 000.00 万元的补偿款项：2023 年 4 月 30 日前支付补偿款项的 50%，2023 年 12 月 31 日前支付补偿款项的 25%，2024 年 4 月 30 日前支付补偿款项剩余的 25%。

二、案 例 分 析

（一）行权过程

2022 年 12 月，投服中心向 V 公司发送股东质询函，质询业绩补偿义务人的资金实力、相关款项的回收保障措施等。

（二）行权内容分析

1. 关于业绩补偿义务人的资金实力

2018 年，V 公司通过股权转让和增资形式以 42 429 万元获得某定制家具公司 51% 的股权，业绩补偿义务人承诺某定制家具公司 2019～2021 年的净利润应分别不低于 5 500 万元、6 500 万元、7 500 万元，若未完成三年总计 17 550 万元（三年总计税后净利润总额的 90%）的净利润业绩承诺，则以现金补偿。因受全球新冠疫情及美国反倾销政策影响，某定制家具公司盈利能力受到较大冲击，V 公司于 2021 年 11 月将原承诺期间调整为 2019 年度、2021 年度、2022 年度，其他承诺事项不变。交易公告披露，某定制家具公司 2019 年、2021 年、2022 年上半年的合计净利润仅为 8 100.70 万元，假设按照前述实现的净利润计算，业绩补偿义务人应履行的业绩承诺补偿金额为 22 844.69 万元。

鉴于某定制家具公司业绩表现不理想，新冠疫情的后续影响暂时无法评估等情况，V 公司与 HX 投资、刘某滨、刘某冰、刘某彬达成了以 16 071.40 万元出售某定制家具公司 51% 股权及将业绩承诺补偿金额调整为 5 000 万元的一揽子交易方案。V 公司在本次交易公告中披露，本次业绩承诺补偿金额是基于新冠疫情、反倾销等外部环境及对方资金状况等因素，经双方协商确定；若等待原业绩承诺期限届满、业绩补偿义务人履行补偿义务，由于业绩补偿义务人资金实力有限，无法按照原业绩补偿约定履行付款并受让股权。需公司补充披露采取了哪些措施去核实业绩补偿义务人的资产与资金状况,以及作出补偿义务人资金实力有限判断的具体依据。

2. 关于股权转让款与业绩补偿款回收的保障措施

公告显示,HX 投资应于 2024 年 4 月 30 日前分三期支付完 16 071.40 万元股权转让款,业绩补偿义务人应于 2024 年 4 月 30 日分三期支付完 5 000 万元业绩补偿款。根据此协议约定,业绩补偿义务人及其实际控制的 HX 投资共需支付的款项约为 21 171.40 万元。若业绩补偿方资金实力有限,需公司补充披露业绩补偿义务人与 HX 投资具有支付前述款项能力的证明,以及设置了哪些履约保障措施确保对方按时支付相关款项。

纠纷调解案例评析

第一篇

证券专题

案例1 证券公司因投资者身份识别引发的业务纠纷案例分析

王志宙*　赵冬辉**　刘晓莲***

一、案情介绍

(一)纠纷起因

投资者王某,年龄60岁,于2022年5月至某证券营业部,表示其身份已由内地居民变为香港居民,并向营业部提供了港澳通行证、居住证及内地身份注销证明,申请办理资金转出业务,营业部通过姓名查询,匹配到营业部存在一名以中国居民身份证开户的同名账户,但因投资者提供的材料无法证明其本人与中国居民身份证开户的同名账户为同一人,营业部根据中国登记结算公司账户变更的要求(《中国证券登记结算有限责任公司证券账户业务指南》第1章、第4章),向投资者说明需要其提供经我国司法部委托的香港公证人公证的证明文件或公安出入境管理机构出具的单程出境定居证明材料(材料中需列明投资者中国居民身份证号码、港澳身份证号码或中国居民身份证号码、港澳通行证号码,证明投资者为同一人),但投资者对于营业部提出的身份证明材料要求不认可、不接受,认为营业部故意拖延、刁难其办理业务,要求营业部仅凭现有资料为其办理资金转出并注销账户的业务。

(二)矛盾焦点

业务办理的主要矛盾点集中在投资者身份变更后,投资者从认知上不认可出具合规身份证明材料的必要性,始终未配合出具符合中国证券登记结算公司账户信息变更要求的身份证明材料,营业部因无法有效识别投资者身份并留存证明材

---

　* 中信证券华南股份有限公司合规风控部合规管理岗。
　** 中信证券华南股份有限公司广州环市东路证券营业部合规专员。
　*** 中信证券华南股份有限公司广州环市东路证券营业部运营总监。

料,未满足投资者业务办理需求,触发上述案例纠纷。

（三）营业部采取的措施

营业部向投资者解释了中登公司规定,同时为投资者整理办理证明材料所需的资料清单。在投资者提出相关证明材料办理存在的困难时,营业部一方面与相关机构多方咨询是否有帮投资者提供便捷证明的可能,陪同投资者走访派出所等相关机构咨询实际业务办理要求,咨询内地公证机构,看是否能够出具同等法律效力的身份证明公证等;另一方面,营业部将疫情特殊时期投资者在内地的出入境签证办事处即可开具相关证明的消息及时告知投资者,并由营业部提前与相关出入境办事处进行电话联系,沟通确认该证明的办理方式,整理成详尽的办理流程,内容包括投资者本人需携带的具体材料、业务办理程序、相关部门的办理时间、咨询电话及疫情期间办事处对核酸及行程卡的要求,以积极的态度和行动解答投资者疑问并寻求解决之道。

（四）调解过程及结果

广东调解工作站接到该纠纷调解案件后,调解员对案件发生及经过进行了深入分析,再次耐心向投资者解释了中登公司规定,并协调投资者与营业部之间的矛盾。经调解员沟通,营业部针对纠纷的矛盾焦点再次与公司商议解决投资者业务办理需求的方案,并通过调解员与投资者反复协调方案细节,疏导投资者情绪,双方最终达成合意:在投资者无法出具符合中国证券登记结算公司账户信息变更要求的身份证明材料的前提下,营业部要求对客户进行强化身份识别,投资者表示愿意配合营业部强化身份识别并同意签署《资产权益主张及承诺函》,明确声明账户为其本人账户,该账户开户时由本人持中国居民身份证到营业部现场办理了相应的手续,开户后的资金存取、证券买卖等业务也均由本人操作且对结果无异议,账户资产权益也实际为本人所有,并郑重承诺其本人承担注销账户及处置账户权益所产生的全部法律与经济责任,营业部在此基础上,通过账户治理的方式为投资者办理了相关业务,将账户资金划转至归属权益人。

二、案件痛难点

证券公司按照监管机构对账户身份识别的要求办理业务,与投资者期望简单、快捷完成账户资金取出的意愿冲突。

《中国证券登记结算有限责任公司证券账户业务指南》(以下简称《指南》)第4章①明确规定了投资者国籍或地区发生变更时开户代理机构的处理方式,其中如投资者国籍或地区发生变更后仍符合开户主体条件的(如大陆居民变更为港澳台居民且在大陆工作生活等),开户代理机构应当比照《指南》第4章第4.4.5条第(2)款关于关键信息双改业务流程报送中国结算办理。

本案中,投资者王某本应参考上述《指南》办理账户信息变更和注销业务,但由于投资者考虑自身时间成本、经济成本及疫情的风险,且表示其前期凭本人港澳通行证及内地身份证注销证明已在银行、保险公司等机构办理更新了原内地身份开立的银行金融账户信息,同样的证件证券公司却并不认可,故而投资者从认知上否定出具合规身份证明材料的必要性,坚持认为是证券公司营业部在故意拖延、刁难其办理业务。

三、案件启示与思考

(一)关于纠纷处理的思考

面对本案双方当事人的矛盾症结点,从证券公司风险管控的角度来说,证券公司履行金融机构投资者身份识别义务无过错,证券公司如坚持要求投资者提供相关证明材料,可以充分消除投资者身份识别证明材料不足引发的潜在监管风险、洗钱风险及账户资产被冒领等法律纠纷风险;但从投资者服务的角度来看,证券公司

---

① 第4章 证券账户信息变更第4.4.5条【国籍变更】 对于投资者国籍或地区发生变更的,开户代理机构应当视具体情况按照以下方式处理:(1)投资者国籍或地区发生变更后不再符合开户主体条件的(如A股投资者将中国国籍变为外国国籍),开户代理机构应当要求投资者清空证券后注销原证券账户;在投资者未及时申请注销该证券账户时,开户代理机构应当根据《证券账户管理规则》有关规定对投资者证券账户采取不予办理新业务、限制证券买入等限制使用措施;自开户代理机构知晓投资者国籍或地区发生变更之日起算3个月后投资者仍未主动申请注销相应证券账户且该证券账户符合注销条件的,开户代理机构可以主动注销该证券账户,并在注销成功后通过适当方式告知投资者。(2)投资者国籍或地区发生变更后仍符合开户主体条件的(如大陆居民变更港澳台居民且在大陆工作生活等),开户代理机构应当比照本指南关于关键信息双改业务流程报送中国结算办理,除应当提交本指南关于证券账户信息变更有关申请文件外,还应当提供证明投资者仍符合开立相关账户开户主体条件的有关证明文件(如中国大陆居民变更港澳台居民的,应当比照港澳台居民开立A股账户开户申请材料,提供在大陆工作生活的相关证明材料等),涉及境内开户代理机构受理境外投资者有关业务申请的,还应当提供本指南总则规定的相关公证认证材料。对于港澳投资者提供的申请文件包含公安出入境管理机构出具的单程出境定居证明材料的,如材料已列明投资者身份证号码、港澳身份证、港澳通行证三个号码的,可据此证明投资者为同一人,无需投资者再提供相关公证认证材料。

仍有必要思考如何更有效地保护投资者的合法权益，如何通过合理评估并权衡各方权益风险，对账户采取有效的处理措施。

针对本案例，以下为关于通过强化身份识别的方式对账户权属关系进行一定程度认定的思考：

（1）样貌比对：通过对系统账户留存证件头像、投资者港澳通行证头像及其本人现场样貌进行比对。

（2）证件信息比对：通过"微警务"小程序与投资者提供的派出所出具的《户口注销证明》核对；通过《户口注销证明》中显示的居民姓名、身份证号码、性别、出生日期与投资者港澳居民居住证及香港身份证上显示的姓名、出生日期、性别等信息进行比对，如果投资者还保存有原大陆身份证的复印件等材料也可以提供，与原系统开户时留存的证件复印件进行比对。

（3）系统账户留存信息与投资者情况的比对：通过系统账户留存手机号码及账户赎回产品操作使用手机号码与投资者现持手机号码比对；现场要求投资者登录证券账户，验证投资者掌握账户的账号及密码情况。

除上述投资者身份强化识别方式，证券公司还可以要求投资者临柜签署《资产权益主张及承诺函》，明确声明"账户为本人账户，该账户开户时，由本人持中国居民身份证到营业部现场办理了相应的手续，开户后的资金存取、证券买卖等业务也均由本人操作且对结果无异议，账户资产权益也实际为本人所有"等内容，上述措施对证券公司面临的风险可进行较大程度的防范，证券公司在对账户权属做出基本判断后，可结合账户基本情况，对账户采取有效的处理措施，如账户本身已经不符合中登账户开立的规范要求，则可以从账户治理的角度出发，将账户资金划转至归属权益人后注销账户。

（二）关于纠纷防范的思考

纠纷发生后，如何稳妥处理各类矛盾，有效维护各方当事人的合法权益一直是我们关注的重点，证券公司在强化投诉业务管理方面，除提升投资者投诉处理效率、和解率及控制投诉升级，还应最大限度控制投诉数量，从源头上做好纠纷发生的风险防范工作，基于本案例主要有以下几点思考：

1. 从证券公司角度出发，应继续加强投资者教育

（1）投资者在开立账户时，证券公司工作人员应向投资者详细解读账户开户

协议中约定的条款内容,比如投资者保证其在协议签署时以及存续期内,确保向证券公司提供的所有证件、资料和其他信息均真实、准确、完整、有效,承担因资料不实、不全或失效引致的全部责任;投资者同意证券公司对投资者信息进行合法验证和报送,承诺配合证券公司依法合规开展反洗钱工作,向证券公司提供真实、准确、有效、完整的反洗钱尽职调查信息,并在身份信息发生变化时及时通知证券公司更新;投资者自行承诺对在开立账户时所提交或提供的身份证明文件和信息资料的真实性、完整性、准确性和有效性负责,当投资者信息发生任何变更或有效身份证明文件失效、过期的,应及时以证券公司认可的方式进行修改并承担未能及时以证券公司认可方式对投资者信息进行修改而导致的后果、风险和损失。使投资者在建立业务关系初期就对金融机构身份识别要求及投资者应履行的义务有所了解和认识,充分知悉因不能履行义务导致的后果、风险或损失会由投资者本人承担。

(2)证券公司在后续跟踪服务中,应通过开展反洗钱宣传、账户实名制教育等专项投教活动时,通过多渠道、多方式充分向投资者解读监管规定和要求,如《中华人民共和国反洗钱法》《金融机构投资者身份识别和投资者身份资料及交易记录保存管理办法》《证券经纪业务管理办法》的相关规定及中国证券登记结算有限责任公司对业务办理的要求等,把风险讲到位,把规则讲透彻,加深投资者对基本知识和监管政策的理解,也明白自身的权利和义务,避免因认知错误引发纠纷。

(3)证券公司在开展投资者教育时,应对投资者容易忽略的重点内容,如本案件中投资者发生地区变更的情形,制作特殊情形的投教案例,使投资者充分感受到制度要求与其自身利益的密切关联,充分引导投资者在发生相同情形时能够及时主动与证券公司联系,即使投资者未及时联系证券公司,事后在办理相关业务遇到阻碍时,也能够正确理解证券公司对身份识别的要求,避免因分歧引发更大的纠纷。

2. 从投资者的角度出发,投资者应积极主动参与金融机构的投教活动

投资者是证券市场发展的根本力量所在,作为重要的市场参与主体,投资者是证券市场赖以生存和发展的核心基础,但投资者在证券市场中又处于信息的弱势,虽然近年来,证券公司越来越重视投资者教育工作,各证券公司的投教活动和投教产品种类繁多,特别是通过"线上线下相结合"的方式开展了多种投资者教育活动,但在实际开展投教工作时,仍存在投资者参与活动较被动,参与频率较低的情况,

甚至证券公司一对一发给投资者的投教短信,也会被投资者忽略,这表明虽然证券公司的投教方式丰富,但投资者对投教资源的利用率较低。投资者似乎更关注与交易、投资相关的内容,对业务办理要求或个人应履行的义务方面关注较少,而事实上,这些投教内容都是与投资者利益息息相关的内容;如投资者联系方式发生变更未及时修改,导致证券公司很多重要信息无法通知到本人;或投资者因身份证有效期到期未及时更新,导致账户相关权限被限制。发生上述情形时,往往会因为影响投资者账户或账户资金的使用而引发纠纷,在实际中也有许多相关的案例。在本案件中,投资者因国籍或地区发生变更未及时与证券公司沟通,导致后续无法及时转账而引发纠纷,如其在注销内地户口前能够及时与证券公司联系,在本人掌握账户的账号密码的情况下,仅需要本人通过交易软件操作转账即可,有效保障自己的权益。

因此投资者应积极参加金融机构开展的各类投教活动,了解相关规则,并特别留意不同金融机构如银行、保险、证券公司相关规则中存在的差别,尽可能在相关情形发生时能够有基础的判断,从而更好地保障自身权益,有效避免纠纷发生。

案例2 证券公司佣金纠纷调解案例评析及相关建议

刘晓夏* 邢茂珍**

一、案 情 简 介

投资者王某致电 12386 投诉,称 A 证券公司一直按照万分之二点五的标准收取其股票交易佣金,但其了解到市场上佣金的收取标准普遍低于万分之二点五,王某认为 A 证券公司有义务通知其可以下调佣金,但并未履行该通知义务,亦未主动下调其佣金费率,要求 A 证券公司退还多收取的佣金。A 证券公司称投资者未主动向该公司申请佣金下调,因此佣金一直按照默认标准收取,不同意王某的要求。双方多次沟通未果,产生纠纷。为妥善化解该起纠纷,A 证券公司与王某协商一致,向调解组织申请调解。

二、争议焦点及评析

本案争议焦点为以下两点。第一,A 证券公司是否有义务告知投资者申请佣金费率调整。若有义务,A 证券公司是否履行了该义务。第二,A 证券公司是否应该退还调佣前多收取的佣金。

对于争议焦点一,现行法律法规未进行相应规制。佣金调整是证券经营机构与投资者之间的一种合意行为,现行法律法规对佣金调整流程并无强制性规定,对于佣金标准调整事项,是否通知以及如何通知,须证券经营机构与投资者协商确定,即应回归合同关系。经查询双方签署的相关协议,在投资者开户时,双方通过

---
* 东吴证券股份有限公司合规法务部总经理助理。

** 东吴证券股份有限公司合规法务部法务专员。

订立相关协议,明确了佣金收取标准,双方意思表示真实,协议内容不违反法律法规强制性规定,应当认定为合法有效,双方均有依约履行合同的义务,因此 A 证券公司不负有通知义务,故王某上述诉求缺乏相关依据。

对于争议焦点二,即使证券经营机构与投资者协商确定新的佣金标准,系对合同内容的变更,但除非双方另有约定,否则该变更并无溯及力,此前已收取的佣金属于双方已根据合同履行完毕的部分,并不受此后佣金调整的影响,因此投资者请求返还之前"多收的佣金"并不合理,不应支持。

三、调解过程及结果

经多次沟通协商,A 证券公司同意按照王某的要求将其佣金标准下调至万分之一点五。但对于王某要求退还调佣前多收取的佣金的诉求,系投资者单方要求,于法无据,双方亦未达成一致意见,A 证券公司不予退还的行为并无不当。但佣金涉及投资者的切身利益,出于更好服务投资者,提升投资者体验感和获得感的目的,A 证券公司同意在后续工作中优化工作流程,为投资者提供更人性化的服务,王某也认识到诉求无据,表示后期将更加关注相关信息,加强与证券公司的沟通。最终,A 证券公司与王某达成和解,王某撤销投诉,实现案结事了人和。

四、案 例 启 示

证券交易佣金是指委托者委托买卖成交后,按实际成交金额数的一定比例向承办委托的证券公司交纳的费用。对于证券公司而言,佣金即证券公司代理委托买卖成交后的经营收入,换言之,为手续费收入。

随着证券公司业务日益复杂,与证券交易佣金有关的法律法规也在不断调整与更新,从证券公司角度,切实履行证券公司义务需要遵循相关法律法规,但遵循法规与实践之间往往还存在偏差。

（一）证券公司如何履行佣金费率告知义务

经梳理相关法规,对于证券公司佣金费率的告知义务仅作一般原则性规定。比如《证券法》第 43 条规定"证券交易的收费必须合理,并公开收费项目、收费标准和管理办法",《证券经纪业务管理办法》(自 2023 年 2 月 28 日起施行)第 28 条规定"证券公司应当将交易佣金与印花税等其他相关税费分开列示,并告知投资者。证券公司应当在公司网站、营业场所、客户端同时公示证券交易佣金收取标准,并按公示标准收取佣金"。证券公司应当按照以上法律法规及监管规定,确定佣金费率,完成备案等相关程序,并向投资者履行告知义务。

而在实践中,开立证券账户时,如果投资者开户时不作询问,有些证券公司并不会主动告知,则会按系统默认佣金费率收取证券交易佣金,而系统默认的佣金费率不论是费率标准、备案、公示等均符合监管要求。投资者在开立证券账户时因尚未进行证券交易,未被收取佣金,所以佣金费率高低对投资者而言并无直观感受,直至进行一段时间的证券交易后,通过其他途径得知自己的佣金费率高于其他证券公司或其他投资者时,才会有所关注,认为证券公司没有保证自身的知情权。投资者所依据的《国务院办公厅关于加强金融消费者权益保护工作的指导意见》(国办发〔2015〕81 号)明确规定"保障金融消费者知情权。金融机构应当以通俗易懂的语言,及时、真实、准确、全面地向金融消费者披露可能影响其决策的信息,充分提示风险……",根据相关案例,监管机构认为佣金是"影响投资者决策"的信息之一,据此投资者认为证券公司未保障投资者的知情权,未履行佣金费率告知义务,但其往往举证并不充分,导致承担不利后果。证券公司如何告知投资者成为实践中的模糊地带,双方就该义务履行与否往往各执一词。这也正是此类纠纷层出不穷,调解较难的原因,双方都不存在明显过错,自证及举证的理由也均不充分,所涉佣金周期长、计算复杂繁琐,令投资者和证券公司疲惫不堪,同时加大了调解难度。

(二)证券公司如何保证佣金费率调整程序的合规性

根据上诉法律法规,证券公司有权制定符合自己公司实际情况的佣金费率标准,同时也可以授权各营业部根据当地实际情况以及投资者交易等情况制定个性化佣金收取标准。

根据《证券经纪业务管理办法》第 8 条规定"证券公司及其从业人员从事证券经纪业务营销活动,应当向投资者介绍证券交易基本知识,充分揭示投资风险,不得有下列行为:(三)直接或者变相向投资者返还佣金、赠送礼品礼券或者提供其他非证券业务性质的服务";第 28 条规定"证券公司向投资者收取证券交易佣金,不得有下列行为:(一)收取的佣金明显低于证券经纪业务服务成本;(二)使用

'零佣''免费'等用语进行宣传；(三) 反不正当竞争法和反垄断法规定的其他禁止行为"。

根据上述法律规定,在投资者未申请调佣之前,证券公司主动且自行对投资者账户的佣金费率进行调整,可能涉嫌变相返还佣金、进行不正当竞争或垄断等行业间的禁止行为,因此为避免嫌疑,实践中证券公司多采取由投资者申请的方式进行佣金调整。但投资者认为证券公司应为投资者利益考虑,为其主动调低佣金费率,对于证券公司主张的"未进行佣金下调申请,佣金就是按照之前标准收取"做法并不认同,并且通过持续投诉维护权益。在调解过程中,最终多以证券公司退还投资者所称的"多收取的佣金"抚慰投资者的情绪。此等退还尽管解决了矛盾,但是否合规尚有疑问。

(三) 证券公司个性化佣金费率设置的难点

一方面,投资者通过不同形式开立证券账户,签订了证券交易委托代理协议,而佣金费率的收取是双方认同的约定,意思表示真实,内容不违反法律及行政法规的强制性规定,实质上是双方自发建立起的一种合同关系,双方均有依约履行的义务。根据《中华人民共和国民法典》第 543 条规定"当事人协商一致,可以变更合同",也即合同变更必须经双方协商一致才可以进行。那么佣金费率调整,意味着双方变更合同内容,性质上属于合同变更的行为,并不是证券公司一方独自完成的,未经投资者发起申请调整则视为执行原有合同内容,证券公司直接执行个性化费率并不可行。

另一方面,证券公司目前适用个性化佣金费率的标准并未统一。虽然《关于调整证券交易佣金收取标准的通知》规定证券投资基金的交易佣金实行最高上限向下浮动制度,"证券公司向客户收取的佣金(包括代收的证券交易监管费和证券交易所手续费等)不得高于证券交易金额的 3‰,也不得低于代收的证券交易监管费和证券交易所手续费等""各证券公司应根据自身的实际情况制定本公司的佣金收取标准……",《关于进一步规范证券经纪业务活动有关事项的通知》未失效之时也约定"各证券经营机构应当切实落实'同等客户同等收费''同等服务同等收费'的要求,客观、全面、准确地向投资者公示收费标准及服务内容"。但纵观整个证券交易市场,佣金费率适用的标准并不清晰,不仅行业间不存在统一标准,证券公司内部也未必作了清晰明确、标准统一的分类,个性化适用情况参差不齐,因此确实存在导致投资者之间佣金费率不公平的可能,这也正是实践中促使投资者得知佣金费率的差异后不断投诉的因素。

五、相 关 建 议

(一)证券公司应完善佣金费率的告知方式

证券公司履行佣金费率告知义务的传统模式主要是:在行业监管等部门备案后在营业场所公布,包括在证券公司、营业部大厅的屏幕栏展示,网站和手机客户端中模块展示,投资者完成证券交易后交割单明细表界面展示等。

而随着证券业务的发展,投资者可选择的证券交易途径逐渐增加,投资者如何在眼花缭乱的交易界面清晰且快速获得"影响投资者决策的信息",各证券公司创新服务形式尤为重要。证券公司须以投资者的需求为导向,创新思路,在客户端用户群体庞大的情况下,仍须加强人工提示,增强客户端系统设置,建立弹窗等强提醒,简化佣金费率查询步骤,增多查询通道等。将传统模式与创新形式相结合,查漏补缺,完善告知方式,旨在提升存量投资者的满意度,增强客户体验。

(二)证券公司应完善投资者个性化需求服务

证券公司需要精细化投资者分类标准。目前行业缺少统一标准,证券公司可先行制定本单位分类标准。比如对存量客户与新增客户群体进行整体分类,再根据存量客户的资金量与交易量、账户使用情况、客户的活跃度等设置下一级划分。同时充分利用客户资料,运用数据算法观测客户交易倾向与交易频率,设置诸如VIP客户、金标、银标、普通用户等多层级客户群体,精细化客户分类标准后设置对应的精细化服务模式。在此基础上,证券公司可以针对不同的客户群体采用个性化佣金费率。对于存量客户,证券公司可以提供申请和调整适用新客户所处的佣金费率标准的服务,以解决历史遗留问题,避免再次出现类似纠纷。

同时,证券公司可以将佣金费率调整申请条件、程序等信息的告知纳入精细化客户服务模式中去,对不同层级的投资者,由客户经理提供定向告知服务,定期主动告知更为优惠的信息,以及在客户端中解锁更多功能,同时不忘告知普通用户提升层级的途径等。如此力求公平对待所有客户,实行同类客户、同等服务、同等收费的原则,让投资者在享受个性化服务的同时感受到公平。

案例3 关于某投资者与证券公司营业部之间的新股申购缴款通知纠纷调解案例

郑清霞* 林玥含**

自2016年取消新股申购预缴款制度以来,主板中签客户综合来看可以获得不错的收益,投资者争先恐后参与到新股申购业务中。但在参与该业务过程中,投资者与证券公司之间由于新股申购缴款通知不到位等引发的纠纷也时有发生。本文通过分享真实纠纷调解案例,与读者共同探讨,希望对证券公司的投资者教育工作、从业人员专业培训管理及以后的纠纷调解有所帮助,不足之处还望批评指正。

一、案情基本事实及投资者诉求

投资者Y某,年龄77岁,于2019年在××证券公司×营业部开立了证券账户,本案中,Y某5月31日(T日)参与了1只新股申购。

2021年6月2日(T+2日)上午,营业部服务人员看到Y某账户的可用资金为负数,通过微信提示Y某已中签并应尽快于当日16时之前备足认购资金14 900元。当日14时,服务人员通过电话再次通知上述内容。接着,Y某陆续卖出账户的股票共计18 155.31元,闭市时账户的可用资金为3 255.88元①,Y某又通过银行转账转入13 000元,账户的可用资金共计16 255.88元。17时,Y某联系服务人员,提出异议如下:其股票卖出金额18 155.31元后,其账户的可用资金仅增加了3 255.88元。Y某认为证券公司系统数据有误。

---

* 华福证券有限责任公司厦门分公司合规总监。
** 华福证券有限责任公司厦门分公司合规专员。
① 实际Y某仅需卖出14 899.43(=18 155.31-3 255.88)元,此时可用资金不低于0元,即可满足次日清算交收要求。

6月3日上午,营业部服务人员手写账户的可用资金计算过程并通过照片发送至 Y 某,同时邀请她来营业部现场打印交易对账单以便核对。Y 某则要求与营业部负责人对话沟通。6月3日晚,营业部负责人致电 Y 某,向其沟通解释,Y 某未再提出异议。

6月8日,Y 某收到另一只新股的中签消息[①],查看自身账户的可用资金为7 000多元。6月10日,Y 某再次查看账户仍未有变化,由于担心未能成功缴纳新股申购款,就此多次联系营业部咨询,营业部服务人员答复称"申购款已划扣"。

经历以上两次申购,Y 某认为两次中签后的账户资金扣划规则不一致,遂投诉至中国证监会12386热线,反映该证券公司交易系统存在问题,并要求证券公司赔偿其本人损失,向投资者道歉,更改交易系统。

二、营业部投诉沟通处理过程

6月10日,营业部负责人接到证券公司总部转办的投诉邮件,遂联系 Y 某并了解到:Y 某未能明白新股中签资金的冻结与扣划规则、可用资金与冻结资金之间的数据关系,Y 某误以为收到新股中签通知后的账户可用资金余额需不低于新股认购资金额,导致在6月2日的仓促操作中额外卖出股票以及从银行转入资金。

营业部多次致电 Y 某尝试进一步解释,Y 某均拒绝沟通,表示不接受证券公司说法,双方沟通陷入僵局。

三、案件争议的焦点

基于投诉案件基本事实,梳理双方纠纷焦点主要有以下两点。

（一）两次中签资金冻结和交收规则是否一致

事实上,两次中签资金冻结和交收规则一致。××证券采用的新股冻结和交收

---

① 6月8日为另一只新股申购的 T+1 日。

规则与行业内主流做法一致。新股申购委托日为 T 日，证券公司 T+1 日盘后收到交易所中签结果数据，晚间清算时预先冻结中签账户待交收的认购资金额。T+1 日清算后，冻结资金为不可用状态，客户交易软件显示的可用资金余额实际上已扣除新股中签认购资金；如可用资金为负数，则表明客户账户的待交收资金不足，证券公司在 T+2 日通知投资者需在日内补足资金至可用资金为正数，Y 某首次中签符合该情形；如可用资金为正数，则表明客户无需额外补足资金，Y 某第二次中签即为该情形。

（二）资金冻结与交收规则是否符合监管规定

证券公司关于新股中签冻结和交收规则主要依照交易所的相关规定。相关要求详见表 2-3-1 所示。

表 2-3-1　证券公司关于新股中签冻结和交收规则主要依照交易所的相关规定

日　期	《上海市场首次公开发行股票网上发行实施细则（2018年修订）》	《深圳市场首次公开发行股票网上发行实施细则（2018年修订）》	本案中证券公司新股中签资金冻结、交收规则
T 日	第 11 条　投资者可以根据其持有市值对应的网上可申购额度，使用所持上海市场证券账户在 T 日申购在上交所发行的新股。	第 11 条　投资者可以根据其持有市值对应的网上可申购额度，使用所持深圳市场证券账户在 T 日申购在深交所发行的新股。	投资者申购日
T+1 日	第 24 条　上交所将于 T+1 日盘后向证券公司发送中签结果数据。	第 26 条　T+1 日，中国结算深圳分公司于当日收市后向各参与申购的结算参与人发送中签数据。结算参与人应据此要求投资者准备认购资金。	T+1 日清算时，冻结投资者新股中签认购资金，当晚证券公司发短信通知客户中签。
T+2 日	第 24 条　……各证券公司营业部应于 T+2 日向投资者发布中签结果。 第 26 条　T+2 日终，中签的投资者应确保其资金账户有足额的新股认购资金，不足部分视为放弃认购。	第 28 条　T+2 日终，中签的投资者应确保其资金账户有足额的新股认购资金，不足部分视为放弃认购。	证券公司营业部电话/微信通知客户中签结果，并督促可用资金为负数的客户在 T+2 日 16 时前补足资金。

续表

日　期	《上海市场首次公开发行股票网上发行实施细则（2018年修订）》	《深圳市场首次公开发行股票网上发行实施细则（2018年修订）》	本案中证券公司新股中签资金冻结、交收规则
T+3 日	第18条　结算参与人应在T+3日16:00按照新股中签结果和申报的放弃认购数据计算的实际应缴纳新股认购资金履行资金交收义务。因结算参与人资金不足而产生的后果及相关法律责任,由该结算参与人承担。 第26条　结算参与人应于T+3日15:00前,将其放弃认购部分向中国结算上海分公司申报。	第19条　结算参与人应在T+3日16:00按照新股中签结果和申报的放弃认购数据计算的实际应缴纳新股认购资金履行资金交收义务。因结算参与人资金不足而产生的后果及相关法律责任,由该结算参与人承担。 第28条　结算参与人应于T+3日8:30～15:00前,通过D－COM系统将其放弃认购的部分向中国结算深圳分公司申报。	证券公司于T+3日15:00前,将其放弃认购部分向中国结算申报。同时,在T+3日16:00按照要求履行结算参与人的资金交收义务。

券商的主流做法为在 T+1 日收到交易所的中签结果后对中签的账户采取认购资金预冻结,主要基于以下三个方面的考量:一是缴纳新股认购资金对于中签投资者而言,属于法定的"义务"。如,根据《上海市场首次公开发行股票网上发行实施细则(2018年修订)》第17条,投资者申购新股中签后,应依据中签结果履行资金交收义务,确保其资金账户在 T+2 日日终有足额的新股认购资金。投资者认购资金不足的,不足部分视为放弃认购,由此产生的后果及相关法律责任,由投资者自行承担。二是证券公司作为结算参与人有义务对投资者放弃认购情况进行核验,并在 T+3 日 16:00 按照新股中签结果和申报的放弃认购数据计算的实际应缴纳新股认购资金履行资金交收义务。三是在新股破发率低的时代,优先保证缴款是大多数投资者更为乐意接受的。虽然 T+1 日晚间清算冻结投资者的新股中签认购资金会对 T+2 日盘中的资金使用有影响,但投资者在 T+2 日交易期间无需考虑预留新股中签资金。

四、调解过程与处理结果

营业部认为矛盾无法化解,申请中证资本市场法律服务中心进行调解。当日中证厦门调解工作站调解员向双方了解情况，并向营业部调取客户资金交易流水、历史成交、历史委托、客户期间盈亏、具体外规等纠纷相关信息。调解员征求 Y 某个人意愿后，通知双方在营业部现场进行调解。

调解员站在第三方中立立场，从客户角度出发，逐步引导当事人 Y 某敞开心扉讲述纠纷背后的故事，了解到 Y 某的家庭状况：投资者年龄较大且日常需照顾瘫痪的老伴，子女都在国外，亲情陪伴较少。在得到调解员的关怀后，Y 某表示在收到首次中签补足资金的通知电话，卖出股票后的账户可用资金仍未达到自身的预期金额时，心情非常焦躁，急促间赶去银行赎回理财产品又被告知超过当日委托时限，急忙转向侄女借款，一系列的紧张操作对其身心造成了不良影响。经调解员就营业部客户服务态度和水平，主体责任意识等方面进行了剖析后，Y 某情绪由初期的激动转为稍为缓和，拿出数据演算纸张，表明自己不是无理取闹，每一笔委托交易、费用都经其手算并留存手稿，认定证券公司的交易数据有问题。证券公司工作人员与投资者一起复盘交易，将纸张记录信息与系统记载的资金交易流水一一核对，最后发现是投资者遗漏一笔委托买入记录，导致投资者记录的可用资金虚增。随后，投资者对系统交易数据表示认可。最后，调解员向投资者详细说明两个交易所关于新股网上发行实施规则中证券公司与投资者双方的权利义务关系，并解释了证券公司关于冻结认购资金的考虑出发点。

经上述调解，投资者最终表示认可，致电 12386 进行撤诉。双方一致达成和解。同时证券公司基于人道主义精神，给予投资者恰当金额的关怀金。

五、案件调解的经验启示

（一）主动关心，提升适老化服务质量

根据国家统计局数据，2022 年我国 65 岁及以上人口达到 20 978 万人，占总人口的 14.9% 左右。老年投资者受体能下降、适应能力降低、认知能力减弱等多重原因影响，更难适应快速变化的市场环境和日益复杂的金融产品或服务，实际上是资本市场中最不可忽视的弱势群体。

我国的投资者适当性制度将投资者区分为专业投资者和普通投资者，在普通投资者中按风险承受能力再次划分等级。多数证券公司在办理业务时，针对 70 岁以上高龄客户会增加风险警示和劝退环节,但是较少针对老年投资者定制特殊服务政策,经常由于老年投资者得不到特殊的关注与服务而酿成纠纷。

证券公司应加强敬老爱老内部宣贯,要求服务人员对老年投资者多一份耐心和爱心,主动换位思考,主动靠前、精准服务。特别是对于投资事项告知,要进一步优化服务意识,针对老年人作出特殊安排。如在本案中,营业部上午通过微信通知客户补足资金,未考虑老年人使用微信的频率较低的情况,下午2点再次通过电话通知其资金不足,这时距离闭市时间较近,距离银证转账截止时间虽然还有约两个小时,但对于老年人来说还是显得时间宽裕度不够充分。对于老年人客户可按其日常作息习惯提早通知,为他们的资金安排预留充足时间。另外,在老年投资者对业务规则产生疑虑时,服务人员应积极沟通,结合实际对不同情况分别采用最有效的沟通渠道,如需要解释数据计算的结果适合面对面演算解释,阐述较为复杂规则可发送短信、微信,再予以电话或当面进一步沟通。只有多管齐下,多措并举,才能从源头上最大程度避免可能导致的投资者纠纷,提高投资者满意度,保护投资者权益。

(二)强化培训,提升客服人员专业素养和心理素质

营业部经调查发现,Y某在二次中签后担心系统未扣款期间多次咨询服务人员,服务人员未能清楚解释。Y某情绪激动,表示将投诉外部监管机构。服务人员情急之下给出"T+2至T+3才会显示冻结"的错误信息,导致投资者始终不理解新股认购资金的冻结、交收规则,情绪越来越不满,也不再信任营业部,双方矛盾逐步激化,以致无法化解。

本案中涉及的新股申购业务是证券公司最为基本和常见的业务,但服务人员普遍只掌握较基本的业务知识(如通知客户缴款时点、如何查询客户资金是否充足等),对新股认购资金冻结规则不甚了解。在客户发出投诉威胁的情况下,服务人员急于安抚客户情绪或迫于客户质疑压力,倾向于硬着头皮匆忙答复,容易给出错误的解答,让投资者感到不专业或认为存在欺骗行为,加大投诉处理的难度。

因此在日常工作中,证券公司应有针对性地对客服人员强化业务培训,传授纠纷处理经验,实现公司、客服人员和投资者之间互相信任的良好局面。诚然,大多数证券公司都具备一定业务、投诉专项培训机制,但效果令人不甚满意。基于工作实际,笔者建议如下:在业务培训时,应引导客服人员关注其容易忽视但客

户较为关心特别是影响资金或交易的相关知识点,要求客服人员对这些"冷"知识完全掌握,这样在应对客户询问甚至处理投诉纠纷时才可以泰然自若。在纠纷培训时,应尽量完整复原投诉事件发生经过,而不只是三两句案例描述和解决过程,唯有如此才能留下深刻印象,促使业务人员在客服过程中始终保持严谨的工作状态。

（三）换位思考,持续完善对外展示信息

在互联网金融技术突飞猛进的时代,证券公司应当更多地利用公司官网、投资者教育园地、微信公众号以及交易软件等对投资者开展全方位的业务规则、产品适配原则教育,使投资者的专业化能力不断提升。在本案中,证券公司若能真正做到换位思考、升级服务,在客户交易软件的新股申购界面增加提示语,向投资者展示新股申购资金冻结规则,或者在微信公众号、视频号发布资金交收冻结规则有关信息,并鼓励员工通过短信、微信朋友圈等渠道有效触达投资者,也可以很大程度打消投资者疑虑,避免后续的纠纷升级。

（四）功在平时,做好纠纷风险预判

证券公司应当加强建立健全各类证券业务、产品的风险应急处理机制,对风险隐患全面剖析,指派专人落实相关投资者风险揭示事项,将高低龄投资者、低学历且缺少投资经验的投资者视为"专业知识弱势群体",从全面有效地履行保护中小投资者权益的角度出发,以"最大善意"为落脚点,采用浅显易懂的图片和语言,将投资者容易发生误解的业务流程、交易规则、业务风险点等细节问题进行多方位、多形式提示。

以本案相关的新股申购业务为例,全面注册制的落地意味着"新股申购无风险"套利时代的终结,新股破发风险将显著攀升,前述的"专业知识弱势群体"很可能遵循过往投资经验、未关注到这一转变,遭受损失。证券公司应提前预判新股申购业务可能引发的投诉风险,重新审视目前的内外营运策略,积极应对调整,如在对投资者发布的投资资讯文章中,应着重进行风险警示。同时,证券公司应主动提示投资者谨慎参与新股申购业务,如对于参与新股申购的"专业知识弱势群体"特别追加警示风险。

在2022年金融街论坛年会上,证监会主席易会满表示,我国资本市场起步晚、发展快,市场的文化积淀还不够,一个优秀的金融机构必然是坚持客户利益至上、敬畏投资人。证券公司作为金融市场内重要的中介机构,应当具备良好的专业素养和诚信品质,与投资者建立顺畅的沟通关系,不断加深对彼此的信任,同时通过持续深入开展多形式、丰富的投资者教育工作,构建起重诺守信、共同成长的和谐关系。

案例4 投资者与证券公司营业部之间的
费用纠纷案例分析

黄　婧[*]

随着监管机构对投资者保护的日益重视,以及投资者自我保护与维权意识的不断增强,投资者与证券公司营业部之间的投诉类别涉及业务、交易环节的方方面面,投诉处理难度也越来越大。在众多的投诉类别中,费用投诉是其中主要投诉类型之一,如何处理好该类型投诉,妥善解决问题,达成双方共赢,是值得我们去探讨和研究的话题。

一、案　例　介　绍

投资者A投诉某证券公司营业部自投资者开通融资融券账户以来,融资利率一直按照默认的高利率收取。因其年龄较大,消息闭塞,对当下的利率水平并不清楚,且证券公司营业部未以任何方式告知其可以申请调低融资利率,导致其在不知情的情况下一直承担高额利率费用,故要求该证券公司营业部退还多收的融资利息以及作出合理的经济赔偿。

2010年,投资者A时年67周岁,在证券公司营业部开通融资融券业务。开通时,证券公司营业部工作人员向其告知该证券公司的融资利息收取标准,即中国人民银行规定的半年期人民币贷款基准利率上浮3个百分点。因此,投资者A开通时所适用的融资利率收取标准为年化利率8.1%,且一直未有调整。

2022年,投资者A的家人前往该证券公司营业部办理其他业务时,偶然得知符合条件的投资者可申请调降融资利率,经证券公司营业部确认后即可享受调降后

---

* 国信证券股份有限公司广州分公司合规风控部合规管理岗兼投诉专员。

的利率,而目前利率比投资者 A 所适用的融资利率低。投资者 A 认为,其近年亏损较多,且融资款项多用于长线持有股票,产生的利息也较多,如证券公司营业部主动告知其可申请调降融资利率的,则自己可以避免这一部分损失。于是,投资者 A 联系证券公司营业部要求降低融资利率,并退还自融资利率可调降以来多支付的利息。接到投资者 A 的申请后,证券公司营业部将其融资利率调整至 5.8%,同时告知投资者 A 不能退还已收取的融资利息。之后,在与证券公司营业部自行协商未果后,投资者 A 向中证资本市场法律服务中心广东调解工作站(以下简称广东调解工作站)申请调解,证券公司营业部经征询同意调解,本纠纷正式启动调解程序。

二、纠纷处理及调解过程

(一) 纠纷争议焦点

本纠纷的主要争议焦点有两点:一是投资者 A 是否对于融资利率的标准确不知情或无能力知情;二是证券公司营业部是否应主动提醒投资者进行融资利率的调整。同时,本纠纷的特殊之处在于纠纷发生时投资者 A 已达 80 岁高龄,且明确表态不接受除了退还已收取利息外的任何方案,故如何妥善安抚高龄投资者情绪等问题是本纠纷的一大难点。

(二) 纠纷调解过程

广东调解工作站介入调解后,研究、核查了证券公司营业部提交的有关证据材料,认为证券公司营业部在涉事业务开展过程中不存在明显的过错:

1. 证券公司营业部在开户时履行了相应告知义务、风险揭示义务

在投资者 A 申请开户时,证券公司营业部根据当时其公司对特定投资者开通融资融券的业务规范,要求投资者 A 提交了书面的情况说明,其中明确陈述其身体状况良好,有丰富的炒股经验、平稳的心态及较强的风险承受能力,故由本人申请开通融资融券业务。同时,证券公司营业部安排专人对投资者 A 进行了详细的融资融券业务知识讲解和测试、风险访谈及心理测试,向其告知当时具体的融资利率及构成方式,投资者 A 明确表示已知晓利率的构成及变化情况并现场签署了融资融券合同。

2. 证券公司营业部在投资者 A 账户存续期间履行了历次融资融券利率变更告知义务

根据核查,证券公司营业部自投资者 A 开通融资融券账户至今,其融资利率及构成方式均有过调整。

首先,2014 年 6 月 23 日之前,证券公司营业部的融资利率与中国人民银行公布的半年期人民币贷款基准利率挂钩,即上浮 3 个百分点。故投资者 A 开通融资融券账户至 2014 年 6 月 23 日期间,该证券公司营业部的融资利率根据中国人民银行公布的半年期人民币贷款基准利率的变动相应调整了 6 次。

其次,2014 年 6 月 23 日之后,证券公司营业部融资融券业务合同部分条款进行变更,变更后的融资利率按证券公司营业部在营业场所、网站或交易系统公告的标准执行。证券公司营业部通过短信通知的方式向开通融资融券业务的所有客户确认有关合同变更事宜并进行相应签署。

最后,2015 年 3 月 4 日,证券公司营业部对融资利率进行了调整;调整后的利率一直适用至今,未再有调整。

以上融资利率变动和合同变更均通过证券公司营业部官方网站进行了公告,且融资利率收取的标准在该证券公司营业部交易系统客户端均有明示。

3. 投资者 A 在开通和使用融资融券账户后,曾多次致电该证券公司营业部官方服务热线了解融资利率的具体情况,故不存在不知情的情形

(三) 纠纷调解结果

调解员与投资者 A 进行了多次沟通,将证据材料所呈现的事实向投资者 A 进行了逐一说明,并向投资者 A 做出了详尽的解释:首先,证券公司营业部为营利机构,佣金及利息收入为其主要收入来源;其次,证券公司营业部应与投资者在业务开通时明确约定佣金/利息收取标准,投资者有权随时向证券公司营业部提出调整申请,但前述收取标准能否降低则由投资者与证券公司营业部通过协商确定,证券公司营业部并无主动降低融资利率的义务。

调解员从中立第三方的角度对投资者 A 进行了耐心劝解,动之以情晓之以理并从中斡旋,最终投资者 A 接受了证券公司营业部给出的方案,即融资利率再次调低,本纠纷调解成功结案。

三、案 例 启 发

该案例只是众多有关费用纠纷中的一例,通过借助第三方调解的力量,最终达成了完满的结果。然而,证券公司营业部在面对投资者就费用事宜产生异议或投诉时,不能仅仅依赖第三方事后调解,更应将投资者的异议在前端化解。

在结合工作实践的基础上,笔者对有关费用纠纷进行总结、研究,并提出纠纷处理思路。

（一）常见纠纷的分类

实践中,投资者与证券公司营业部之间有关费用纠纷主要涉及到普通账户各类证券品种佣金、融资融券账户佣金及利息等。据此,笔者将费用纠纷分为历史佣金纠纷、佣金揭示纠纷及融资融券费用纠纷三种情形,具体如下:① 历史佣金纠纷,一般是投资者主张历史佣金收取标准过高,通常会以其他证券公司同期佣金收取标准作为依据。② 佣金揭示类纠纷,主要发生于开户后一直未调佣和开通了其他证券品种权限的投资者群体,投资者的异议点包括其对佣金收取标准不知情、证券公司收取费用过高等。③ 融资融券费用类纠纷,此类纠纷集历史佣金类纠纷和佣金揭示类纠纷情况于一体,投资者的异议点包括证券公司未向其告知融资融券账户费用收取标准、有权申请调降利息利率或者认为其申请后没有及时调降、证券公司费用收取标准过高等。

（二）适用依据

在费用类纠纷中,各方可通过以下依据来厘定有关费用收取标准:

从规范层面上来说,目前规制证券公司有关佣金收费标准的依据为中国证券监督管理委员会、国家发展计划委员会、国家税务总局于 2002 年发布的《关于调整证券交易佣金收取标准的通知（证监发〔2002〕21 号）》（以下简称《佣金收取标准的通知》）,以及各地区行业公会颁布的、适用于会员的有关自律规则。

根据上述通知以及自律规则,证券公司营业部的佣金收取标准应遵循如下原则:① 交易佣金实行最高上限向下浮动制度,即证券公司向投资者收取的佣金（包括代收的证券交易监管费和证券交易所手续费等）不得高于证券交易金额的 3‰;② 为避免证券公司之间通过低价进行不正当竞争,其收取的佣金下限应不得低于代收的证券交易监管费和证券交易所手续费等;③ A 股、证券投资基金每笔交易佣金不足 5 元的,按 5 元收取;B 股每笔交易佣金不足 1 美元或 5 港元的,按 1 美元或 5 港元收取。

因此,如在费用纠纷中证券公司营业部佣金收取的标准未超过证券交易金额 3‰的,即使投资者主张佣金收取标准过高而不合理的,也不能认定证券公司营业部违反了相应规定。

从合同层面上来说,投资者申请开立证券交易账户或开通融资融券业务时,其会与证券公司签署相应的开户/业务开通协议、有关单方承诺确认文件等,该等合同文件皆已明确约定该投资者应适用的有关费用收取标准。同时,证券公司亦通过各种渠道和方式广而告之各类证券品种的费用收取说明,如在其经营场所、交易客户端上公示费用收取标准,向投资者发送短信或拨打电话告知有关费用收取标准。

（三）纠纷证据

在费用纠纷中,可通过以下证据来还原事实,厘定各方责任:

（1）就历史佣金纠纷、佣金揭示类纠纷,可逐一查看证券公司营业部保存的有关投资者佣金以及历次佣金调整的有关证据资料,包括:① 投资者开户佣金签署文件及历次佣金调整文件,如佣金协议;② 签署套餐的具体佣金标准及套餐服务内容;③ 证券公司营业部员工与投资者有关沟通记录（包括但不限于电话录音、微信聊天记录等）、证券公司营业部历史短信发送记录等。通过上述资料,以明确证券公司营业部在投资者开户或开通其他证券品种交易权限时是否履行了有关佣金告知义务、是否存在漏调、错调等情况,以及投资者是否对佣金收取标准已知悉。

（2）就融资融券费用类纠纷,投资者开通融资融券账户时的费用签署及历次费用调整文件。查询投资者开通融资融券交易权限时是否明示费用,签署具体的费用协议。如:投资者签署的已明示融资融券账户费用的文件、员工与投资者沟通记录（电话、微信等）、历史短信发送记录等,确认证券公司营业部是否以某种方式知会投资者费用情况。

（3）如投资者主张其存在费用差额的情况时,查询投资者开户以来费用情况,核算投资者提出的费用差额,做到心中有数。

（四）费用纠纷处理思路及技巧

在了解相关情况后，处理具体问题时，应站在投资者角度考虑，抱持同理心，勿激怒投资者。

1. 着重于展示留痕记录

如有直接证据表明已向投资者揭示费率，对于投诉佣金揭示类纠纷会有较大的帮助。如融资融券纠纷中，可以将签署有费用标准的文件内容告知投资者，帮助其回忆当时的签署情况。告知投资者如有疑惑，可以本人携带身份证明文件前来营业部查阅并确认融资融券账户费用情况，以此降低投资者的不满情绪。

2. 说明历史阶段费用收取的合理性

为投资者出具佣金揭示的相关证明，说明不同证券品种的佣金收取标准。通过投资者开户的历史阶段，说明投资者的佣金标准符合政策规定，双方的开户协议中也已对佣金费率有明确约定。

3. 告知调低费用途径

告知投资者可主动申请调低费用，订立新的合同。告诉投资者不能以目前市场佣金衡量历史费用水平，明确双方达成约定的佣金标准才会生效。

在投资者认为营业部应主动降低费用时，应告知投资者，证券公司对投资者信息严格保密，未进行身份校验的情况下服务人员无法查询投资者账户信息，需要投资者主动提出。

在投资者表示已申请过费用降低后，应核查投资者服务留痕，确认是否存在漏调佣情况。经核查确认存在漏调情形的，应跟投资者协商处理。

4. 合理的沟通有助于纠纷的解决

做好投资者情绪安抚，耐心、真诚解答其关注的焦点问题，以获得投资者的理解与认可。

投资者沟通过程中，不能因为营业部有充分的留痕，就以强硬的态度回应投资者的质疑，引起投资者反感，赢了道理却输了感情。服务人员要心态平和、换位思考、耐心解释，妥善安抚投资者情绪。如果通过电话无法达成和解，可以通过面见方式表示对投资者的重视。通过多轮沟通、逐级沟通来逐渐缓解投资者情绪。针对投资者质疑，应拿出相应的依据，正面回应投资者问题，让投资者慢慢接受事实。

只有让投资者感受到重视与尊重，才有利于促成纠纷解决。

5. 后续引导

如果多次沟通后投资者仍然坚持佣金索赔，可引导投资者向当地证券纠纷调解中心等第三方调解机构申请调解、仲裁，或通过法律途径发起诉讼。

以上的几种费用纠纷处理思路在实际的运用中，根据各证券公司佣金政策的不同可能略有差异，可根据实际情况进行优化改进。

（五）当事人注意事项

投资者开立证券账户后，应多关注自己的账户情况，主动与证券公司营业部协商佣金费用的收取标准，经营业部确认同意后，履行相应程序方可生效。为维护自己的合法权益，投资者要及时跟进证券营业部受理及审核进展，可以通过证券公司营业部服务热线、咨询服务人员、查询实际交易费用等方式确认新的费用生效情况。发生纠纷后，投资者在无法与证券公司营业部取得有效的解决方式时，可以通过调解、仲裁或者诉讼等合法合规的方式理性维权。

四、总　　结

证券公司应秉着"服务好每一位客户"的理念，完善业务制度和流程，主动向投资者揭示佣金及费用标准，做到公开透明，不有意欺瞒，通过不断提高员工服务水平及业务能力，提高投资者满意度。同时应重视投诉工作，将投诉纳入员工的考核中，约束营销人员合规展业。

案例5 质押式证券回购纠纷中资金融入方违约案例分析

万曙光[*]

一、研究背景分析

质押式证券回购,是指卖出回购方在将证券出质给(资金融入方)买入返售方(资金融出方)的同时,双方约定在将来某一指定日期,由卖出回购方按约定回购利率计算的资金额,向买入返售方返回资金回购原出质证券的融资行为。

近些年来,一方面,股票质押式回购的业务模式已从早期的涉上市公司的金融创新产品逐步发展为较为常见的融资方式,为持有股票但现金流趋紧的上市公司及其高管提供了较为便捷的融资渠道,对公司运营、科研创新及其他资金使用安排起到了高效的资金支持作用。

但在另一方面,因为股票价格受市场整体因素、行业发展因素影响较大,质押股票的价格常因此产生较大幅度波动,而双方签订《股票质押式回购交易业务协议》时通常是以签订协议时质押股票价格作为基准,对资金融入方提供的质押股票予以估价,并约定在资金融入方未能依约补足质押股票数量并触及最低履约保障比例时,券商有权主张违约处置,继而产生涉诉纠纷。根据学者调查研究数据及通过中国裁判文书网查询发现,股票质押式回购纠纷案件呈现井喷式的增长趋势,其中自2018年以来立案的案件数量占该类型案件的八成以上,在对现有的股票质押式回购交易纠纷案件的分析中可以发现创业板股票质押产生的纠纷较多,案件的主诉方基本上都是资金融出方,违约方为资金融入方。[①]

---

[*] 上海金融法院综合审判一庭法官助理。

[①] 潘修平:《股票质押式回购交易及其违约处置》,载《民商法金融法前沿新探》,中国政法大学出版社2022年版,第51页。

随着加强集成创新、持续优化营商环境行动方案的实施，如何在涉诉纠纷中将陈吉宁同志着重指出的"要把法治化作为基础保障……扎实抓好优化营商环境各项工作的落地落实"具体贯彻，将成为当下上海法院商事案件纠纷化解的着力点。笔者认为，以调解方式化解涉资金融入方违约的质押式证券回购纠纷必将成为在此类案件中提升商事纠纷解决效率、深化诉源治理的最佳路径选择。

二、具体案例摘要

（一）案例一

J 某系某高新技术上市公司的高管，其与某券商签订《股票质押式回购交易业务协议》，约定 J 某作为资金融入方可与作为融出方的该券商在协议约定期间内进行多笔股票质押式回购交易，交易方式为 J 某将其持有的该上市公司股票质押给该券商融入资金，并在约定期限内返还资金、解除质押，并约定了 J 某负有维持质押股票数量的最低履约保障义务的计算方式和违约责任。之后，因案涉质押股票价格下跌，J 某未按协议约定履行保障措施亦未提前回购，构成违约并涉诉，券商作为资金融出方主张偿付本金 1.3 亿余元及利息、违约金、律师费损失等。

（二）案例二

G 某为某上市公司高管（作为资金融入方）在与某券商（作为资金融出方）签订《股票质押式回购交易协议》融入资金后病故，该协议约定了资金融入方负有维持质押股票数量的最低履约保障义务和违约责任。因 G 某生前未曾拟定遗嘱，在案涉质押股票发生价格大幅下跌后，券商将 G 某法定第一顺位继承人范围内的父母、配偶、子女等均列为本案被告，主张协议约定的违约责任，要求归还案涉本金金额 1.1 亿余元及利息、违约金、律师费损失等。

三、涉资金融入方违约的质押式证券回购
纠纷案件通常审理方式

以上海金融法院 2018 年成立后受理的第一案，〔2018〕沪 74 民初 1 号 A 券商与 B 公司质押式证券回购纠纷一案为例，通常在审理涉及资金融入方违约的质押

式证券回购案件中,合议庭会在庭前及庭审中重点开展下列审理工作: ① 固定权利请求,明确资金融出方的诉讼请求;② 确定权利请求基础规范暨支持资金融出方诉讼请求的法律规范;③ 审查资金融入方的答辩意见;④ 指导各方举证、质证。

在庭审中及其后的审理期间,着重查明案涉相关事实: ① 查明《股票质押式回购交易协议》签订情况,审查合同是否存在效力瑕疵;② 审查资金融出方提出的诉讼请求的合同依据,具体包括对本金、初始交易金额、应付利息、利率标准、违约事项、提前回购交易、违约金等合同条款;③ 资金融出方发放融资款等履约情况;④ 案涉股票的质押登记情况;⑤ 资金融入方偿还本金、利息的情况;⑥ 审查资金融出方主张资金融入方存在的违约情形是否存在争议并予以综合认定;⑦ 核算偿付本金(若有)数额,审查利息、违约金、服务费、咨询费、顾问费、管理费等收取标准及是否合理。

四、案例中各方当事人的现实困境

上述案件经合议庭庭前沟通联系及正式开庭审理中了解,各方均对案件涉及合同签订、质押证券情况、资金融出方支付的初始本金数额等基础事实无异议,但以判决的方式仅完成了案件审结的要求,却并不符合追求案结事了、纠纷彻底化解的新时代的司法理念。

在案例一中,J 某作为公司高管认为案涉公司股票下跌系因行业结构调整,其作为专业技术人员认为当前时点是行业周期低谷末期,假以时日后续公司业绩应该会有大幅改观的空间。此外,鉴于公司特殊技术属性和管理架构,若以常规的审理、执行程序处理,后续在对所涉质押股权处置后,公司股权结构将发生变化,不利于现有优势技术项目保持进一步的持续性研发,同时,公司所持有的技术机密有被公开的可能,不利于公司未来发展。

在案例二中,因 G 某突遭变故且遗留的个人财产较为复杂,其亦未曾在生前设立遗嘱,涉及的第一顺序继承人尚未就待分配遗产达成一致且部分亲属长期旅居海外等情形,案涉质押证券的分配归属尚不能完全明确,存在一定的不确定性。

此外,两案中两家券商均希望能减少公开相关信息,避免相关信息公开致使股票价格进一步下跌,不利于案涉质押股票的后续处置。

五、确立以调解结案为目标的审理路径及具体实践

根据上述案情可见，本案基本事实清晰，各方争议焦点不多，在查明相关合同约定后即可依法审结。但基于常规的审理模式缔造的一纸判决书显然并不符合各方当事人的根本利益，甚至还可能是各方当事人均力求避免的结果。据此，合议庭决定将审理思路予以转化，主动发挥司法能动性，从案结事了人和的角度出发，以巩固当下、稳定预期、立足长远为最终目标，综合考虑各方诉求，协调各方当事人商议合适的调解方案，从而切实解决各方当事人在诉讼中的疑虑和尴尬困境。

（一）梳理核心诉请，排摸调解障碍

合议庭委派法官助理进一步和各方当事人沟通，通过电话沟通、来院谈话等多种方式进一步探究各方当事人的核心诉求，并根据原告的诉请逐条对照审查，逐步形成案件调解的初步可行性方案。同时，兼顾到个案中的特殊情形，说服案例二中的诸被告自行协商、共同委托一名律师作为案件的委托诉讼代理人参与诉讼，同时根据案件审理需要，指导该律师牵头协调 G 某继承人就案涉质押股票处置全面征询各方意见，为后续进一步调解做好前期准备。

（二）耐心释法析理，促成框架方案

针对二案中普遍存在的违约金计收标准争议，根据此时《全国法院民商事审判工作会议纪要》相关规定，充分释明违约金的性质是"以补偿为主、以惩罚为辅"，违约金制度系以赔偿非违约方的损失为主要功能，而不是旨在严厉惩罚违约方，该数额应与损失的数额大体相当。同时针对案涉《股票质押式回购交易协议》列明的服务费、咨询费、顾问费、管理费等费用，予以逐一对照审查，对缺乏合同约定、缺乏证据证明业已提供相应服务的项目进一步做好解释说明，经过多轮次的协商沟通，促使各方当事人的调解预期差距逐步缩减，各方对调解方案的认识逐步趋同。

（三）科学安排履约，充分释放善意

在合议庭的倡导下，各方换位思考、立足长远，充分考量资金融入方的筹款能力、运营周期展望规划等因素，整合提炼各方共同诉求，促使各方当事人成为利益趋同的共同体，最终达成了一份着眼于未来的可期待的一揽子化解矛盾的方案。

六、调解对化解资金融入方违约案件纠纷的意义

人民法院民事调解制度,是指人民法院行使审判权,在审判人员的主持下,双方当事人在自愿、合法的原则下就所争议双方的权利义务关系达成协议,以调解的方式解决争议的制度。通过调解化解矛盾纠纷,具有节约诉讼成本、提高办案效率、有效化解当事人矛盾、维护社会和谐稳定等优势。

具体结合案例一而言,该类高新技术科技公司内部治理的环境氛围以及团队间基于信用信赖基础、技术合作基础建立的架构是公司存续、公司持续性发展技术科研的基石,司法裁判的结果极有可能产生情、理、法的对立、矛盾、冲突,简单、机械地适用法律条文,忽视经济发展地客观规律和新类型高科技公司特殊公司治理架构模式,在股权质权的实现环节,就可能会涉及到大股东的变更,甚至可能会引起公司控制权主体的变更,还可能因此给公司带来存亡的风险。以调解方式化解纠纷是各方在充分考量到了高新技术公司人合性特点,新达成的调解协议约定的分期履行期限也给予了资金融入方及公司解决问题的宽缓时限,为公司自行寻求新合作模式保留了可能性,是较好地以发展的裁判思路回应了各方诉求的理想方案。

就案例二来看,因 G 某身故未留有遗嘱,且 G 某的财产构成较为复杂,案涉争议证券所涉及继承人尚未能就包括案涉质押证券在内的待分配遗产达成分配协议,若后续第一顺序继承人未能就遗产分配达成一致,一旦因继承纠纷涉诉,该案将不得不因须以继承案件的审理结果作为定案依据而依照《中华人民共和国民事诉讼法》第 153 条之规定裁定中止诉讼,案件审理进展将陷入停滞,案件审判质效亦将受到影响。在合议庭拟定尽量以调解方式协商处理该案的审理思路后,明显舒缓了资金融入方的近亲属的对抗情绪,后续在进一步就本案予以充分释法说理的情况下,同时在参与诉讼的委托诉讼代理人的协调沟通努力下,也对案涉争议证券质押情况不再持异议,并就案涉证券的归属分配达成初步意见,奠定了本案的调解基础。此外,该案的调解也对第一顺序继承人就待分配遗产达成一致起到了一定促进作用,从全局的角度减少了讼累,取得了一体化化解纠纷矛盾的良好效果。

从类案的整体方面来看,随着质押式证券回购业务模式日渐成熟,涉及资金融

入方违约案件中各方当事人在案涉合同中业已较为明确约定了各方的权利义务，案件事实相对较为清晰，从最终裁判结果来看，资金融出方获得支持的情况较为普遍，此时以调解方式结案的审理模式是否还应当在该类案件中继续予以重视呢？笔者认为，近年来，随着人民法院在执行程序中一直倡导在依法保证胜诉当事人合法权益同时，应最大限度减少对被执行人权益的影响，贯彻善意执行理念，积极引导在审判程序以调解的路径妥善处理质押式证券回购纠纷中资金融入方违约案件，也是将这种善意理念进一步在司法程序中前置延伸，以调解方式化解纠纷在一定程度上促进案涉股票的市场预期稳定，减少公司受高管涉诉、股权可能发生变动的恐慌性不利情绪影响，避免公司利益因此过度受损，亦有助于保护与案无涉的广大中小投资者的合法利益。

七、思 考 及 建 议

（一）建立科学评级机制，防范潜在交易风险

随着上海金融中心和科创中心建设融合联动，必将有效促进金融资本和科创要素的对接，有力推动并进一步强化金融资源配置能力和科技创新策源功能，带动形成更具活力的创新、创业氛围。但同时部分科创公司的公司特性、行业周期、科研成果转换效率等与传统公司相比较存在较大不确定性，直接关系到公司的盈收模式和股票价值，涉及该类公司的股票在作为质押式证券回购业务的交易标的的金融风险亦难以评估。笔者注意到，2023年2月17日上海证券交易所、深圳证券交易所同日发布《关于注册制下股票和存托凭证暂不作为股票质押回购及约定购回交易标的证券的通知》（上证发〔2023〕43号、深证会〔2023〕50号）载明"为了落实全面实行股票发行注册制相关要求，防范股票质押式回购交易、约定购回式证券交易业务风险，保障市场稳健运行"，并在通知的第一条中要求"在注册制下首次公开发行股票或者存托凭证并上市的公司，其股票或者存托凭证暂不作为股票质押回购、约定购回交易标的证券"，故在实务领域应当进一步深入研究并建立一套科学的评估机制，给参与质押式证券回购的资金融入方拟出质股票设置合理的评级评价标准，筛选剔除不适宜作为质押式证券回购项目的股票，并建立更有针对性的风险监管防控机制和精准的风险预警体系，从根源上化解潜在纠纷、完善诉源治理。

（二）引入社会资源参与调解，建立全程纠纷化解机制

应进一步运用好《最高人民法院关于人民法院进一步深化多元化纠纷解决机制改革的意见》中的商事调解、行业调解机制，积极开展与商事调解组织联动对接平台建设，发挥商事调解组织、行业协会的专业化、职业化优势，建立由专业调解机构主导诉前、庭前调解，在案件审理阶段由人民法院为主导，专业机构提供专业建议的辅助调解模式，全流程地将社会资源引入到调解化解纠纷各个环节并形成合力。此外，涉及高新科创公司的质押式证券回购纠纷的矛盾化解中，因涉及的公司常掌握关系国家安全的信息、生物等尖端技术或数据，还应当在专业组织的指导下，注重遵守《中华人民共和国生物安全法》以及 2023 年 2 月 27 日中共中央、国务院印发的《数字中国建设整体布局规划》的规定，牢固树立总体国家安全观，确保调解结果符合国家和社会公共利益。

第二篇

基金专题

案例6 基金持有期计算规则纠纷案例评析

杨　敏* 郑子倩**

近年来,我国基金行业蓬勃发展,根据中国证券投资基金业协会官网数据:截至 2022 年 12 月,全市场共有公募基金管理人 156 家,公募基金产品数量 10 576 只,公募基金规模 26.03 万亿元。不断蓬勃发展的基金行业,吸引了广大投资者的积极参与。然而,部分普通投资者对基金产品的风险收益特征、交易规则等不甚了解,因盲目投资、误操作等原因导致自身利益受损的案例屡见不鲜。为此,中央及有关部门、行业自律组织等陆续出台一系列文件,如《国务院办公厅关于进一步加强资本市场中小投资者合法权益保护工作的意见》《证券期货投资者适当性管理办法》《公开募集证券投资基金销售机构监督管理办法》《证券基金期货经营机构投资者投诉处理工作指引(试行)》《基金募集机构投资者适当性管理实施指引(试行)》等,要求基金公司坚持投资者利益优先原则,对普通投资者在信息告知、风险警示、适当性匹配等方面提供特殊保护。

在实践过程中,基金持有期计算往往成为困扰投资者的重点问题,也成为投诉热点之一。部分投资者不熟悉,不了解基金持有期计算规则,在较短时间内即赎回基金,导致需支付高昂的赎回费,从而引起纠纷投诉。基金公司在处理此类客户投诉时,应全面准确贯彻落实各项监管要求,着力加强对投资者利益的保护,全力提升客户获得感。

一、案件简介

(一)基本情况

2022 年 10 月,客户 X 致电 A 基金公司客服中心,称其于 2022 年 9 月 30 日申

---

　* 易方达基金管理有限公司客户服务与销售支持部客服高级专员。
　** 易方达基金管理有限公司客户服务与销售支持部客服专员。

购某基金约 100 万元，并通过 A 公司 App 查询到该基金产品费用规则为基金持有时间小于等于 6 天按照 1.5% 收取赎回费，7 天及以上免收赎回费。故其于 10 月 11 日提交赎回申请，但被收取手续费 15 000 余元。客户 X 表示 A 公司基金产品持有期计算规则不合理，要求 A 公司全额退还相关费用。同时客户认为 A 公司于 10 月 11 日向其发送了交易确认短信，该短信写明了 A 公司已于 9 月 30 日确认其申请，让其产生误解导致其后续产生了错误操作。

A 公司投诉处理专员在受理该投诉后，第一时间联系客户 X：一是解释基金申购确认机制。客户 9 月 30 日申购的基金，需于 T+1 个工作日，即 10 月 10 日方能确认成功。同时核实发现，交易确认短信应为 10 月 10 日，即交易确认日发送给客户，短信内容写明客户"于 9 月 30 日提交的基金申购申请已确认成功"，并非客户认为的"9 月 30 日已确认其申请"，同时也提醒客户基金短期赎回存在高额费率风险，不存在误导情况。二是介绍基金持有期计算规则。基金持有期计算是从申购确认成功后才能开始计算，客户于 10 月 11 日提交赎回申请，整体的持有期仅有 2 天，适用持有期小于等于 6 天按 1.5% 收取赎回费的业务规则。三是提出解决方案。为安抚客户，投诉处理专员提出可提供电商平台卡券以作慰问。

客户 X 对 A 公司的解释不予接受，认为自身并非专业投资者，对基金交易规则不敏感，同时认为国庆假期等长假较为特殊，应纳入持有期计算范围内，坚持认为 A 公司应全额退还其赎回费，不接受 A 公司提出的安抚性措施。随后，客户 A 向 12386 中国证监会服务热线投诉该问题，12386 将该件转由 A 基金公司办理。A 公司再次联系客户，向其解释基金赎回费是根据基金法律文件约定来收取的，并且短期赎回费用归基金资产所有，相关交易规则对所有投资者而言都是公平的，还望客户谅解。客户 X 不接受相关解释，坚持要求 A 公司退还其赎回费用，双方始终未达成一致。最终客户 X 向中证资本市场法律服务中心提出调解。

（二）争议焦点

综合来看，双方争议焦点主要体现在以下方面：

1. 客户 X 立场

一是 X 认为 A 公司基金持有期计算规则不合理，未将国庆节等节假日纳入计算范围，导致其承受不该有的投资损失。

二是 X 认为 A 公司发送的交易确认短信对其造成了误导,使其误认为 9 月 30 日该申购已确认成功,导致了后续的错误操作。

2. A 公司立场

一是公司基金持有期计算规则符合法律法规和监管要求,且已在基金法律文件和公司官网等处载明,公司已履行信息披露和信息告知义务。

二是短信不存在误导倾向,交易确认短信仅指出客户 9 月 30 日申购的基金已确认成功,并非指持有期从 9 月 30 日起开始计算,客户的误操作主要因为自身对短信理解有误。

二、调 解 过 程

2022 年 11 月,中证资本市场法律服务中心广东调解工作站(以下简称工作站)分别向 X 与 A 基金公司了解情况,耐心听取客户 X 和 A 公司的相关诉求和解释。

调解过程中,X 仍始终坚持两条论点:一是基金持有期计算不包括国庆节等特殊节假日不合理;二是认为 A 公司 10 月 10 日发出的交易确认短信存在误导嫌疑,坚持要求 A 公司退还其赎回费用。同时在调解期间,A 公司再次联系客户 X,向其介绍基金赎回规则,同时解释因短期赎回费用归属于基金财产,A 公司不能向其返还赎回费用,恳请客户谅解。客户 X 不予接受,案件处理再次陷入僵局。

后续,工作站对客户 X 做了大量耐心细致的解释工作,X 态度有所软化,不再坚持基金持有期计算规则有误的说法。同时,工作站也建议 A 公司对交易确认短信进行优化,以便让投资者更加清晰明了地掌握交易确认日期和持有期计算规则。对此建议,A 公司高度重视,开展内部研判分析,根据该建议于 2023 年 1 月对交易确认短信进行了优化,加强了关于交易确认日期和持有时间计算起始日期的提醒。最终,客户 X 不再坚持原诉求,2023 年 2 月,该案件正式调解成功。

三、案 例 评 析

(一)投诉处理需兼顾"情与理"

从本案的基本事实来看,该投诉纠纷产生的根本原因在于投资者不熟悉、不了解基金交易基本规则，因自身误操作造成投资损失。基金公司在提供交易服务、风险警示等方面不存在明显失误，在法理层面完全站得住脚。但从普通投资者的视角来看，自身投资近百万元，短短几天内仅赎回费就损失 1.5 万元，明显觉得自身"吃了亏"。

资管行业的本质是"受人之托，代人理财"，老百姓的投资资金来之不易，因此基金公司在处理相关投诉时，均需保持对投资者的高度同理心，在合法合规的前提下，尽量让客户感到安慰，避免投资者对本机构或整体行业产生不良印象，避免让矛盾进一步升级和激化。

本案处理过程中，调解机构和基金公司坚持了"卖者尽责、买者自负"的行业原则，但也通过言语解释、表达歉意、改进信息告知方式等手段缓和了投资者的对抗情绪，形成了较为理想的处理结果。

（二）投资者教育工作任重道远

《关于加快推进公募基金行业高质量发展的意见》（证监发〔2022〕41 号）指出，要"全面强化投资者教育工作，科学搭建投教工作评估体系，形成体系明确、奖励先进、争相发力的基金行业投教工作新局面"，从而"着力提高投资者获得感"。

我国基金行业发展历史相对不长，投资者培育尚不充分，一些基金投资者往往对基金投资"一知半解"或"不求甚解"，盲目投资、过度交易、追涨杀跌等操作成为基金投资损失的重要原因。"基金公司赚钱、基民不赚钱"成为困扰基金行业高质量发展的重大障碍。本案例中投资者更是由于对基金基本交易规则的误解而导致投资损失，如无法解决这类知识普及问题，投资者何来获得感？而解决这一问题的重要途径和手段，无疑是持续加大投资者教育工作力度。基金公司务必通过多维媒介，创新传播手段，采取有效措施加强投资者教育，引导投资者真正树立理性投资、长期投资的科学投资理念。只有投资者教育做好了，投资者才有可能明明白白地投基金，实实在在地提高获得感。

诚然，我国基金投资者人数众多，投资水平参差不齐，投资者教育工作任重而道远。但正如习近平主席在 2023 年新年贺词中指出的那样，做好投资者教育也要"犯其至难而图其至远"，基金公司务必以"愚公移山、滴水穿石"的毅力、"踏石留印、抓铁有痕"的决心，坚持久久为功，持续做、深入做、创新做，让基金投资知识深入千家万户,真正让老百姓共享国家发展成果,让公募基金的普惠金融性质得到真正发挥。

(三)维护客户利益需基金公司与销售机构共同协力

当前,我国基金销售仍以代理销售为主。基金公司需进一步加强与代销机构的沟通协作,针对普通投资者提供更多的风险警示和信息告知,共同提升客户获得感。回顾本案例,事实上 A 公司的自营 App 针对客户 X 此类的交易行为会进行强提醒,但客户 X 是通过代销机构 App 进行操作,相关强提醒未传达给客户。本案结束后,A 公司也在着力加强与销售机构的合作,尝试对代销客户此类易引起纠纷的行为开展强提醒。总体而言,减少客户损失、维护客户利益需基金公司与代销机构通力协作,方能达到最好效果。

(四)调解机制对解决投资纠纷有重要的推动促进作用

本案的顺利解决表明:证券期货纠纷公益调解机制对于维护投资者合法权益、促进行业健康稳健发展具有重要推动作用。一方面,调解机制通过背对背沟通,可以有效避免纠纷的进一步升级;另一方面,调解机构站在第三方角度公正处理,也更易获得投资者信任,为维护投资者合法权益提供了更多保障。

《国务院办公厅关于进一步加强资本市场中小投资者合法权益保护工作的意见》(国办发〔2013〕110 号)明确指出:要"发挥第三方机构作用","支持自律组织、市场机构独立或者联合依法开展证券期货专业调解,为中小投资者提供免费服务"。在可预见的未来,调解机制作为投资者救济的重要手段,势必在投资者权益保护工作当中发挥越来越重要的作用。

对于基金公司而言,应紧跟监管指引,将案件调解作为提升投诉处理工作质效,维护投资者和公司合法权益,推动基金公司声誉管理的重要手段,积极参与工作站建设,配合工作站各项工作,推动纠纷合理解决,为构建和谐健康的资本市场贡献力量。

(五)以投资者利益为中心,解决客户痛点问题

以投资者利益为中心,是推进基金行业高质量发展的应有之义。在本案中,A 基金公司能积极吸纳客户合理意见,推动业务优化改造,正是"以投资者利益为中心"的体现。

从投诉处理角度来看，"以投资者利益为中心"至少包括以下几层意涵。一是积极维护客户合法权益。基金公司须站稳人民立场，本着对投资者高度负责的态度，"想客户之所想，急客户之所急"，积极回应解决客户各项合理诉求，即便遇到客户不尽合理的诉求，也需耐心做好解释沟通工作，说"人话"、讲真情，避免机械重复、照搬条文，从而引起客户反感，导致矛盾进一步激化。二是创新客户陪伴方式。基金公司应探索分层分类的客户陪伴形式，如对于业绩类投诉客户，可通过微信、电话等形式建立"一对一"日常陪伴关系，在定期报告披露、基金业绩波动、客户大额交易、重大节假日等关键时间节点主动联系客户沟通基金情况，为客户提供全生命周期服务，全面提升客户获得感。三是主动推动业务优改。针对客户投诉较多、客户痛点较多的业务，基金公司客户服务部门应加强主观能动性，有效协同公司其他部门，推动相关业务规则优化改造，从源头提升客户体验，减少客户投诉。

（六）注意工作方法可有效阻止矛盾的进一步升级

从投诉处理实践来看，对于很多客户而言，投诉的最主要目的不是追回损失，而是"争一口气"，即认为自身尊严或合法权益受到损害，要求基金公司给一个解释。因此，笔者建议在处理投诉时务必要把握好以下几点。一是态度要软。与客户沟通时语气要诚恳和善，遇事不推诿，让客户感觉自身的诉求受到了重视，自身受到了尊重。二是机制要全。基金公司应建立投诉快速处理机制，对于非重大投诉，应建立实施细则，允许投诉处理人员在权限内快速采取处置措施，避免投诉进一步升级。三是原则要硬。对于客户的违法违规或不合理诉求，基金公司应坚持原则，不得无原则采取息事宁人手段；但是在婉拒客户时，一定要注意好解释的语气和方式方法，避免激怒客户，造成不良影响。

四、结　语

服务，是一个永恒的话题。为广大投资者提供优质高效的服务，没有完成时，只有进行时。一桩桩投诉处理所折射的，是基金公司的服务理念和公司宗旨。投诉处理工作，是"一件难而正确的事"，笔者认为，基金公司在处理相关投诉时，务必站在讲政治的高度，做到"三个符合"：一是反思是否符合以投资者利益为核心的核心原则;二是反思是否符合"服务资本市场改革发展、服务居民财富管理需求、服务实体经济与国家战略"的行业定位;三是反思是否符合"行业发展与投资者利益同提升、共进步"的利益格局。做到这"三个符合",方能为广大投资者提供更多、更好的服务,基金公司的发展也方能行稳致远。

案例7 持有期基金赎回规则纠纷案例分析

屈海欣[*]

2022年4月,证监会发布了《关于加快推进公募基金行业高质量发展的意见》,其中提及鼓励行业机构开发各类具有锁定期、服务投资者生命周期的基金产品。无论是监管机构还是基金公司,都期望投资者能够体验到长期投资的价值所在。持有期基金的发行则很好地解决了这一问题,引导投资者由短线投资转向长期投资。如今很多投资者都慢慢意识到了长期投资、做时间的朋友的重要性,但面对市场比较剧烈的震荡时,还是免不了追涨杀跌,而基金有一定的封闭期以后,就能减少投资者的非理性操作,这在一定程度上也解决了基金赚钱但基民不赚钱的难题。但部分投资者因不了解情况或出于流动性需求,在购买后希望提前赎回的诉求及相关投诉现象也逐渐增多。

一、案 例 描 述

投资者张某表示其通过代销机构了解到一只持有期基金业绩表现不错,故进行了申购。但购买该基金后,基金净值持续下跌造成了亏损,基金业绩表现与投资者预期不符,投资者想通过赎回基金及时止损,但发现该基金因有持有期要求不支持提前赎回。投资者认为该持有期基金不支持提前赎回不合理,故通过12386中国证监会服务热线(以下简称12386热线)进行投诉,要求提前赎回持有期基金。

二、调解过程及结果

接到12386热线系统反馈投资者张某诉求后,基金公司积极核实情况,经核实:

---

* 广发基金管理有限公司客户服务中心投诉处理专员。

投资者通过代销机构购买了一只持有期基金,代销机构已通过基金详情页面对基金基本信息、风险等级及赎回规则进行了展示,投资者需勾选"点击确认即代表您已知悉该基金的相关内容"后,方可进入下一步完成相关交易。后续基金公司安排专人跟进投资者诉求,并向投资者说明:首先,该持有期产品的投资范围涉及股票及债券等风险资产,所以股票及债券市场的波动均会对基金净值造成影响。其次,代销机构在基金产品详情页面清晰展示了基金产品概要,对基金类型、开放频率等信息进行披露,投资者可通过产品详情页面了解基金情况,且投资者需勾选"点击确认即代表您已知悉该基金的相关内容"后,方可进入下一步完成相关交易。最后,该持有期基金的基金合同对基金赎回时间有相关约定:"本基金每个开放日开放申购,但投资人每笔认购申购的基金份额需至少持有满 X 个月,在 X 个月持有期内不能提出赎回申请。"若投资者对基金投资情况存在疑问,可及时致电基金公司客服电话,客服人员将认真及时地协助投资者解决相关问题。经基金公司客服与投资者张某进行多次沟通后,投资者暂无其他异议。

三、案 例 评 析

本纠纷引发的主要原因是:在日常基金交易过程中,部分投资者仍未能将持有期基金赎回规则与普通基金赎回规则进行区分,特别在基金净值回调过程中,投资者容易因无法赎回基金而进行投诉。目前互联网基金销售平台已逐渐成为重要的基金销售渠道。投资者通过互联网基金销售平台购买基金和在线下银行/券商渠道购买基金的主要区别在于:通过线下银行/券商渠道购买基金,可以获得理财经理的指导,而通过互联网基金销售平台购买基金,更多的是需要投资者自行对基金的投资范围、风险等级等信息进行识别。虽然很多持有期基金在基金名称中就会带有"持有期"三个字,比如"×××一年持有期基金""×××六个月持有期基金"。但在市场波动中,投资者情绪容易受到影响,希望通过赎回基金及时止损。由于持有期模式的基金可以随时申购,但每笔申购份额设定一定期限的锁定持有期,持有期满后方可提交赎回申请,部分投资者由于在市场下跌过程中,无法通过赎回基金及时止损而感到焦虑。其实投资者买入一定期限持有期产品之后,在持有期内只能看不能动,从一定程度上也避免了投资者因为短期波动忍不住赎回的情况,从而实现长期持有,提高投资盈利概率。

四、启　　示

（一）投资者应充分了解产品特点,选择与自身风险承受能力相匹配的产品进行投资

一是要充分了解自己的风险偏好。投资有风险,不同基金的风险与收益预期也存在较大差异,投资者在购买基金产品之前应充分了解自己的风险承受能力,由此构建一个适合自己的资产配置组合。二是要坚持长期投资。很多投资者在购买基金后往往过分关注短期业绩和排名,但由于市场轮动较快,基金短期业绩表现较为波动,在一个较短的投资周期判断一个基金的整体业绩表现缺乏客观性。投资者应从更客观、更长期的角度评估基金产品的长期业绩表现。三是要适当分散投资风险。投资最忌讳的就是"把所有的鸡蛋放在一个篮子里",永远不要把全部资金都投资在一只产品里,因为谁都无法预测"黑天鹅"什么时候会来临。四是不追求低风险高收益。由于投资风险与收益成正比,客观来说不存在低风险、高收益的产品。因此投资者在购买基金产品的时候,对产品的收益、风险情况应有理性的、匹配的预期。只有投资者对于自己选择的基金产品有正确的心理预期,不过分激进、知足常乐,才可能有更好的投资体验和结果。五是不只看基金净值。基金单位净值、基金累计净值,很多新基民往往分不清楚。很多人甚至认为,基金净值越低、上升空间越大、收益越有保障。但实际上,基金净值高低与是否容易上涨并没有绝对关系,投资者在选择基金产品时,基金历史业绩仅作参考,更应该关注的是基金的投资范围,基金管理人的投资能力、理念及策略等。希望每一位投资者都能够深刻认识到理性投资的重要性,选择适合自己的基金产品长期持有,追求稳健回报,主动学习,理性投资。

（二）做好投资者教育工作,让投资者了解持有期基金与其他基金的区别

随着公募基金行业的不断壮大,新生代投资者不断增多,做好投资者教育工作,对基金行业、基金公司的长期健康发展都有着不可或缺的积极作用。投资者教育工作的目的是让投资者正确地认识资本市场,做一个理性投资者。投资者教育工作短期内可能没有立竿见影的效果,需要长期坚持,让投资者感受到实实在在的

陪伴,从而受到潜移默化的影响。持有期基金设置的初衷也是为了避免投资者追涨杀跌,通过长期投资提高投资者的盈利概率。但从目前情况来看,较多投资者未能很好地了解持有期基金的优势及赎回规则,容易导致投资者因在有临时资金需求时无法赎回持有期基金而投诉。所以需要进一步做好投资者教育工作,让投资者了解持有期基金与其他基金的区别。

(1)为什么基金要设置持有期?

一是避免追涨杀跌,提升收益概率。以偏股混合型基金指数为例,2005～2021年间,任意一天买入该指数,持有时间越长正回报概率越高[①]。短期的涨跌受很多偶然的因素影响,具有随机性。但可以肯定的是,并非所有的"浮亏"都是基本面不佳导致的。因此,如果一味简单地跟从市场的表征做反应,就容易出现"追涨杀跌",很容易导致"基金赚钱基民不赚钱"。持有期基金可以帮助投资者"管住手",被动地进行长期投资,从而提高基金投资的盈利概率。二是基金规模相对稳定,便于基金经理的策略执行。持有期基金能保证部分基金份额在一定时间内的相对稳定,对于基金经理而言,有助于减少申赎波动的影响,提高资金的使用效率,更稳定地执行策略。三是持有时间越长,盈利概率越高。《公募权益类基金投资者盈利洞察报告》以3家大型公募基金客户真实持仓统计发现,客户持有期越长盈利的人数占比越高,其中12～36个月持有期盈利比例显著提升[②]。

(2)持有期基金是否适合所有投资者?

投资者购买基金前,需充分了解基金情况。比如购买持有期基金时,应考虑投资资金的流动性,选择闲置的资金进行投资,避免出现购买持有期基金后因有临时资金需求但无法提前取出的情况。

(3)持有期基金能保证投资收益吗?

持有期基金设置的初衷是希望在面对市场比较剧烈的震荡时,减少投资者的非理性操作,从而提高投资者长期投资的盈利概率。但产品的最终收益还是取决于基金经理的投资能力、专业素养以及市场行情。投资者购买持有期基金时,应详细了解基金产品的投资情况,避免购买基金后发现基金产品风险等级与自身风险

[①] 数据来源:wind,2005年1月1日至2021年12月31日。

[②] 数据来源:《公募权益类基金投资者盈利洞察报告》,截至2021年一季末不同持仓时长的客户收益情况统计。

承受能力不符。

（4）持有期基金与定开型基金有什么区别？

"定开型"基金，是指"定期开放"的基金。定开型基金在开放期开放申购、赎回等业务，其他时间封闭运作。定开基金的封闭期一般设置 3 个月、6 个月、1 年、2 年、3 年不等，在封闭期内，投资者只能看到业绩表现，而不能申购或赎回基金份额。封闭期结束后，会迎来一段时间的开放期，一般开放期为 5~20 个工作日左右（具体需以基金产品的开放公告为准）。在开放期间，投资者可以自由申赎；开放期结束后，又进入下一轮封闭期，如此循环运作。持有期基金，是指投资者买入基金后需要持有一段时间，持有期结束后才能赎回基金份额。与定开型基金不同的是，持有期基金随时可以申购，但每笔申购份额至少持有一定期限才允许赎回。

定开型基金和持有期基金，都着眼于"基金赚钱，基民不赚钱"的痛点，"封闭期"的设置在一定程度上能帮助投资者管住手、平滑短线操作带来的收益波动。由于定开型基金在封闭期内无法申赎，想要投资的小伙伴一定要注意开放期时间，以免错过投资机会。而持有期基金由于没有申购时间限制，对进场的时间点要求相对较低。因为在封闭期内资金无法赎回，在选择这两类基金时，投资者更应该使用 3 到 5 年内用不上的"闲钱"进行投资，综合衡量自己的资金期限、风险偏好、预期收益等因素后谨慎选择。

（三）基金公司应全方位提高投诉处理质量，积极做好投资者保护工作

近年来，随着人们收入水平的提高，理财在人们生活中扮演着更加重要的角色。基金作为普惠金融的理财产品，已经逐渐走入千家万户，日益成为老百姓重要的资产配置工具。作为投资者服务和保护工作的重要组成部分，投资者投诉能否得到及时回应和解决，是体现投资者保护工作是否到位的重要标准。投资者利益至上，为投资者提供有温度的服务，是客户服务的指明灯。

为切实维护投资者合法权益，规范投资基金业投诉处理工作，并不断推动基金行业纠纷多元化解机制提质增效，中国证券投资基金业协会修改并发布了《中国证券投资基金业协会投诉处理办法》《中国证券投资基金业协会投资基金纠纷调解规则》，希望通过行业自律管理，协调和督促经营机构妥善处理投资者投诉，同时规范了投资基金业纠纷调解工作，促进行业纠纷多元化解，积极做好投资者保护工作。

调解作为平和、高效的维权手段,对维护中小投资者合法权益具有重大意义。在金融法律制度和监管措施不断完善的情况下,充分发挥调解自身优势,进一步助力资本市场的和谐健康发展。

(四)建议完善持有期基金的退出机制,满足投资者的合理诉求及流动性应急所需

1. 设置提前退出条款,服务于投资者合理的变现诉求

建议持有期基金设置违约退出条款,基金合同等法律文件增加违约退出的相关流程、所需材料及费率的相关说明;同时根据投资者持有时长设置阶梯式赎回费率。如理财子公司发行的养老理财,普遍采用长锁定期的设计,投资者无法在产品封闭期内随意申赎,但设置了特殊情形下的提前退出机制。如某固定收益类养老理财产品规定,投资者因罹患重大疾病、购房需要时,提供相关证明材料可申请提前赎回,理财计划将对提前赎回收取一定的赎回费用,由此满足投资者合理的变现诉求。

2. 增加份额转让机制,满足投资者流动性需求

在法律法规允许且条件具备的情况下,建议增加基金份额转让机制,由基金公司或注册登记机构办理基金份额的过户登记,同时完善相关业务办理流程,保障销售机构及份额转让双方的权益。

五、结　语

"回望过去,我遇到的机会最后都成了二选一的题目,即眼前利益还是长远利益,而我的选择都是长远利益。"正如黑石集团创始人彼得·彼得森所说,长期主义不仅是一种方法论,更是价值观。但对于真金白银参与市场的普通投资者来说,坚持长期主义是件知易行难的事情。持有期基金的出现,是为了能一定程度上解决基金赚钱但基民不赚钱的难题。无论是监管机构还是基金公司,都期望投资者能够体验到长期投资的价值所在,但短期市场波动不可预测,特别是刚刚经历过2022年的股票市场,短期市场超预期的调整,常常是影响我们获得长期投资基金收益的主要因素,因为我们更容易在下跌过程中匆忙卖出,将浮亏变成真实亏损。很多时候我们可能买到了不错的基金产品,却因为追高入场,或者是在回调时对市场失去

信心而草草离场，错过了产品的收益，甚至可能导致亏损。而类似持有期基金，由于每一笔都有持有时间的限制，也要求我们在买入的时候就要考虑得更加周全，包括资金用途、资金目标等等，我们的决策也会更加理性，最终我们借力时间去追求大概率的事情，从而起到提升盈利体验的结果。但从现阶段来看，持有期基金的赎回规则与普通基金存在差异，投资者无法自行掌控基金赎回时间，所以容易引起投资者的不安。此外，持有期基金暂无违约退出机制，难以满足投资者临时的资金流动性需求，容易引起投资者的不满。所以，在加强投资者教育工作的同时应考虑不断完善持有期基金的退出机制，满足投资者的合理诉求及流动性应急所需。

案例 8　销售环节应合规，风险意识须筑牢

——一起私募产品纠纷带来的思考

陈熠昕* 张晓芙** 周尚正***

本文探讨的是一起券商作为私募产品销售机构与投资者产生的纠纷，虽不涉及私募基金领域近年来备受关注的对赌纠纷、回购纠纷及对部分投资条款效力的争议，但也是行业调解组织日常容易接触的一类典型纠纷。

近年来随着证券行业由传统经纪业务向财富管理转型，投资者对理财产品需求日趋多元，不少高净值投资者选择购买私募产品。而在一些私募产品销售过程中，简单粗暴的销售业绩考核、金钱诱惑对从业人员的职业道德挑战，致使私募产品销售环节的纠纷开始频发。

一、私募基金纠纷调解实践案例

（一）案件概要

2021 年 8 月，投资者 A 某投资 100 万元通过 H 营业部员工 B 某购买了一只封闭期 3 年的私募基金，11 月投资 100 万元购入另外一只存续期私募基金。两只私募基金购入后均出现不同程度净值下跌，账面浮亏严重。A 某极为不满，临近年关时，以无法向家人交代为由不断向员工 B 某借款，称用于弥补账面浮亏，前后合计 42 000 余元。B 某拒绝继续借款后，A 某以 B 某在向自己推荐私募基金过程中没有如实告知产品详情、夸大产品销售的紧俏程度为由向公司总部投诉，认为 B 某为了冲业绩急于销售产品，误导自己做出错误决策，提出两个解决方案：① 要求 B 某筹钱在 A 某账户购买与浮亏等额理财产品，若自己所购私募产品 3 年封闭期满后盈

---

* 中证资本市场法律服务中心调解员，甘肃证券期货业协会秘书长。

** 甘肃证券期货业协会纠纷调解部主任、调解员。

*** 中证资本市场法律服务中心调解员，甘肃证券期货业协会信息传导部副主任。

利,则 B 某所购理财产品还归 B 某;若自己所购产品亏损,则 B 某需用所购理财产品弥补自己实际亏损。② 如不同意上述提议,就以当前浮亏为准直接补偿自己相关损失。A 某与 H 营业部及员工 B 某多次协商无果,遂向甘肃调解工作站提出调解申请。

（二）主要争议

调解工作站经多方了解,发现争议焦点集中在 3 个方面:

一是关于了解产品。A 某认为自己所购私募基金为 B 某主动推介,自己没有渠道了解产品详情,所有信息均来自 B 某转发或转述,不够全面,A 某希望第一只购入的为首发私募基金,但购买后才发现产品虽是首发,其投资标的却是基金公司前期发行运作的母基金,与存续期基金并无实质差别,B 某对此却一无所知,与自己预期不符。自己投资决策是建立在 B 某虚假、缺失的产品信息基础上;B 某承认推荐时并未留意此项信息,但自己推荐的产品确系首发产品,符合投资者要求,且已将相关资料和路演信息完整地提供给 A 某,A 某有充分了解产品的途径,是 A 某认知偏差导致误解,购买行为系投资者自主决策。

二是关于合格投资者资格认证。A 某称为符合合格投资者标准,自己又不想由供职单位出具证明,在 B 某的建议和指导下提供了虚假收入证明,营业部未能有效防范;B 某认为自己只是提供建议,指出途径,根据日常所了解的情况,A 某实际上是符合条件要求的,形式上的认定与实际情况并不相违;营业部则认为,对 A 某与 B 某关于提供虚假收入证明的行为并不知情,A 某提供的合格投资者证明符合公司的认证要求,并且通过了私募合格投资者认定。投资者应保证自己提供材料真实准确完整,营业部的合格投资者认证过程没有瑕疵。

三是关于风险测评。A 某称在进行风险测评时,B 某对自己有过选项提示;B 某认为自己确实有过提示,但提示并不影响测评结果,A 某在其他券商也已通过私募合格投资者的风险测评;营业部认为 A 某符合购买私募产品条件,客户风险承受能力等级为积极型,与产品风险等级匹配。购买两支私募基金均通过手机自助购买,购买时系统显示了产品合同、风险揭示书等,客户均已确认,营业部在销售过程中不存在瑕疵。

（三）调解过程及结果

调解工作站接到申请后,多次约谈三方纠纷当事人,了解纠纷细节,梳理各方责任,也发现了一些新问题。三方虽然各执一词,但在调解人员的剖析之下,对自己行为的不当之处均有新的认识,症结集中在对责任分配的分歧上。

1. 关于了解产品

B某曾将产品信息推给A某,但其自身对产品了解不够,未能及时了解推荐产品为子母基金结构关系,并不完全符合投资者要买首发私募基金的真实需求;而A某看过路演和相关资料,有机会了解到全部产品信息,只是仅关注了投资策略,而没在意投资方式,双方对产品了解均不全面,对此,双方认同调解人员的分析。

2. 关于合格投资者资格认证

B某对A某成为合格投资者认证有不当建议,但A某提供虚假收入证明系主动行为,依据《全国法院民商事审判工作会议纪要》(以下简称《九民纪要》)第78条免责事由条款——"因金融消费者故意提供虚假信息、拒绝听取卖方机构的建议等自身原因导致其购买产品或者接受服务不适当,卖方机构请求免除相应责任的,人民法院依法予以支持,但金融消费者能够证明该虚假信息的出具系卖方机构误导的除外。卖方机构能够举证证明根据金融消费者的既往投资经验、受教育程度等事实,适当性义务的违反并未影响金融消费者作出自主决定的,对其关于应当由金融消费者自负投资风险的抗辩理由,人民法院依法予以支持"之规定,可见双方均有责任。A某认识到自身问题,不再纠结此问题。

3. 关于风险测评

从各方提供的信息来看,B某在投资者A某进行风险测评时,确曾有提示选项的不当行为,但A某作为资深金融从业者,对金融产品的风险特征应有相当认识,选项提示是否对测评结果造成实质影响有待商榷。依据《九民纪要》第78条,A某亦有较大责任。

工作站了解情况过程中还发现B某在A某申购过程中,违反了中国基金业协会(以下简称中基协)发布的《私募投资基金募集行为管理办法》(以下简称《募集办法》)第24条第5款"使用'欲购从速''申购良机'等片面强调集中营销时间限制的措辞"的规定,有过类似意思表示,属于不当行为。但A某申购后,冷静期内B某多次建议A某撤单并揭示风险,A某未采纳,由此可见A某的购买行为系自主决策。

综上,B某在投资者风险测评与合格投资者认定等环节存在违反适当性原则的不当行为；A 某作为资深金融从业者，对自己在合格投资者认定环节出具不实收入证明具有责任，所购买的两只私募基金，在争议解决期内一只 3 年封闭期产品尚在浮亏，另一只在调解过程中出现过浮盈但未主动进行获利赎回，投资者应对投资行为承担一定责任。因投资者曾以借款为名从 B 某处借得 42 000 元，在征求营业部和 B 某同意后，调解工作站建议双方签署和解协议，变借款为和解款了结纠纷，但投资者提出 B 某还需另付 50 000 元才同意和解。双方未能达成一致意见，纠纷最终未能化解。

二、难点思考

（一）难点思考一

调解过程中遇到的争议，代表了现实处理纠纷中遇到的两种不同观点。行业监管趋严，要求经营机构承担更多责任；但在司法上，作为具有同等民事权利的个体，双方在责任分配上应处于平等地位，主动行为一方甚至需要承担更多的责任。募集办法要求："私募基金募集从业人员应当履行说明义务、反洗钱义务等相关义务，承担特定对象确定、投资者适当性审查、私募基金推介及合格投资者确认等相关责任。私募基金推介前，须进行合格投资者确认，投资者需提供必要的资产证明文件或收入证明。"私募基金合格投资者是指具备相应风险识别能力和风险承担能力的机构或个人：机构方面，要求净资产不低于 1 000 万元；个人方面，要求金融资产不低于 300 万元或者最近 3 年个人年均收入不低于 50 万元。此外，还要求投资者投资于单只私募基金的金额不低于 100 万元。第九条规定："任何机构和个人不得为规避合格投资者标准，募集以私募基金份额或其收益权为投资标的的金融产品，或者将私募基金份额或其收益权进行非法拆分转让，变相突破合格投资者标准。募集机构应当确保投资者已知悉私募基金转让的条件。"对合格投资者资格的认定有着严格要求，募集机构或者基金从业人员需承担审查责任。但在司法判例上，以江苏壹泽资本投资管理有限公司等与达孜县鼎诚资本投资有限公司等合伙企业财产份额转让纠纷 [（2020）京民终 114 号] 为例，在合同效力认定上，则认为"在投资者明知的情况下，违反监管机构有关私募基金合格投资者适当性管理的规定"不应影响基金合同本身的效力。且在"收益并未最终确定，损失亦不明确"的情况下,判定索赔一方的请求缺乏事实和法律依据,未予支持。在本纠纷中,A某实质上符合合格投资者标准,在认定形式上采纳B某建议,使用虚假收入证明达成认证,责任该如何分配?笔者认为,A某作为资深金融从业者和主动行为的一方,在明知故犯的情况下,责任更大。

（二）难点思考二

在风险测评中提示选项在现实中非常普遍。中基协的募集办法第18条规定:"在向投资者推介私募基金之前,募集机构应当采取问卷调查等方式履行特定对象确定程序,对投资者风险识别能力和风险承担能力进行评估。投资者应当以书面形式承诺其符合合格投资者标准。"第19条规定:"募集机构应建立科学有效的投资者问卷调查评估方法,确保问卷结果与投资者的风险识别能力和风险承担能力相匹配。募集机构应当在投资者自愿的前提下获取投资者问卷调查信息。"问卷调查主要内容应包括但不限于投资者基本信息、财务状况、投资知识、投资经验、风险偏好等。因为私募基金对风险测评要求较高,且对象为特定人群,从业人员在推介过程中往往与销售对象已经十分熟络,言语之间变得随意,投资成功则千好万好,一旦投资失败,这些言语就会成为瑕疵。在行业内,从业人员的这种行为无疑是需要担责的,具体需要担责几分确是难点,这种责任是否需要通过承担部分损失来实现,还是仅通过行业内的处罚来体现?笔者认为,经营机构首先需要承担从业人员管理责任,应加强对从业人员的日常培训和管理,做好从业人员展业行为监控,对从业人员的违规行为应该给予警示和处理,并在发生投资者纠纷时,为积极解纷做出努力。在2020年9月1日审结的卢某、嘉实财富管理有限公司委托理财合同纠纷民事一审判决〔(2020)沪0115民初4150号〕中,法院评价投资者在指导下通过风险测评时认为:"作为投资者,对自身投资也应当具有审慎的注意义务,即使是业务员告知其尽量把风险承受能力填高一点,作为具有一定投资经验的投资者,在投资过程中对此缺乏理性人应有的基本注意义务,对他人就其投资者信息进行不实陈述的后果应由其自行承担。"可见至少有相关司法判例不支持从业人员承担经济赔偿责任。

（三）难点思考三

中基协《基金从业人员执业行为自律准则》和募集办法都将保本保收益列为禁止性行为。2020年12月30日中国证监会颁布施行的《关于加强私募投资基金监管的若干规定》也明确禁止以"口头、书面或者通过短信、即时通信工具等方式直接或者间接向投资者承诺保本保收益，包括投资本金不受损失、固定比例损失或者承诺最低收益等情形"。在本纠纷中，B 某在推介过程中做个人分析时有乐观表示，售后 A 某两基金出现浮亏后，B 某在 A 某逼迫下，多次有过承认错误和弥补对方亏损的意思表示，这种行为是否属于承诺收益或承担损失？笔者认为，就性质来说，为了销售所做的承诺收益和分担风险与售后被迫承诺是有区别的。A 某提出的第一个解决方案，明显具有对赌性质，起到了保底效果，如果采用，是否构成变相保本保收益？且投资者尚处封闭期的私募基金是否会造成实际亏损还属未知，以账面浮亏为标准确定补偿金额没有依据，调解工作站提出的建议未采用投资者方案，正是基于这方面的考虑。

三、案 件 启 示

（一）关于调解技巧

与行为的定性相比，在调解中最难的还是责任的划分与承担，因为在当事双方存在较大分歧时，调解员说服双方做出让步不仅需动之以情，更需晓之以理，让纠纷双方认清自己的行为责任，从而才有自愿让步的调解基础。调解员调解时，起到的是协调平衡各方的作用，平衡的技巧是调解成功与否的关键。

（二）关于避免纠纷发生

要减少此类纠纷，需特别注意以下两点：

一是夯实各方责任意识。基金管理人作为发起者，应履职尽责，精细化运营，增加信息披露的透明度，特别是在推介募集环节，向销售机构、合格投资者全面披露影响投资决策的重要信息；在基金运作时更应努力为投资者创造持续稳健的长期收益，只有良好的持有体验才能获得良好的客户口碑，才能赢得更多的优质客户，才能推动行业健康稳健发展。

对于销售机构来说，要做好日常的投教及适当性管理工作，推介金融产品要慎重，切实承担起投资者适当性匹配责任，确保投资者能够在充分了解相关金融产品、投资活动的性质及风险的基础上作出自主决定，并承受由此产生的收益和风险，适当性义务的履行是"卖者尽责"的主要内容，也是"买者自负"的前提和基础。

而对于投资者来说,投资决策前,应充分了解自己投资的产品及性质、风险;认真阅读基金合同,认真对待每一份需要自己亲笔签署的协议,明确理解其中内容,对自己的投资负责。前述卢某诉嘉实按判决书中有"投资理财是主动型的民事行为,投资者作为具有完全民事行为能力的自然人,理当明知其自愿签约行为的法律后果,理当对自身的合同义务有所了解,理当对投资理财的风险有所预见。"的司法裁判观点正是"买者自负"的具体体现。

二是强化各方风险意识。不难预测,随着监管新规的进一步完善,风险机构和不良机构将持续出清,私募基金的优胜劣汰将成为常态,投资环境将日趋风清气正。私募基金公司要想不被市场淘汰,就要强化合规意识,防范风险,这是私募做大做强的根本。

对于销售机构来说,应进一步便利投资者对产品信息的获知,加强投资者风险揭示,强化销售环节全流程监督,切实承担起投资者适当性管理责任,做好工作留痕,让勤勉尽责升华为广大从业人员铭记于心、践之于行的行业精神。

对投资者来说,应长期存有足够的风险意识,慎重对待风险揭示,充分认识"风险与收益相匹配、高收益伴随高风险"是金融市场的基本规律,尤其是"刚性兑付"被逐渐打破之后,不存在包赚不赔的风险投资。随着注册制的全面实施,更多选择权交给了市场,这更需要投资者擦亮双眼,谨慎投资,对自己的投资负责。

案例 9　私募基金纠纷中托管人责任实证研究

华泰证券课题组*

一、研究背景分析

（一）案例切入

2020 年，投资者 A 直接向某管理人购买其发行的私募基金。2021 年，投资者 A 了解到相关基金净值降幅明显，连续跌破"预警线"与"清算线"，投资损失惨重。对此，投资者 A 认为管理人销售过程未充分揭示基金风险，运作过程未按照合同约定向投资者披露基金运作情况及净值等重要信息，也未按照合同约定的投资策略及范围合理投资，严重损害投资者利益，随即会同多名投资者共同向当地调解组织申请调解，要求管理人全额返还投资款项及高额利息，并要求相关基金托管人就运作过程监督不力承担部分连带责任。

针对本次调解申请，调解组织第一时间沟通投资者了解纠纷情况，并对照私募基金合同条款深入梳理管理人及托管人职责履行情况。经多次排查，调解员了解到，管理人缺乏留痕材料证明营销过程已向投资者充分揭示风险，适当性管理存在瑕疵，明显违背《全国法院民商事审判工作会议纪要》有关"卖者尽责"原则要求。该管理人还存在未严格按照合同约定的范围开展基金投资、从业人员私自向投资者提供虚高净值、极端行情无法平仓等重大事项未及时联系并如实告知投资者等行为，涉嫌违反《私募投资基金监督管理暂行办法》相关规定，管理人上述行为与投资者损失之间存在直接因果关系，应承担赔偿责任。同时，调解员还走访托管人了解产品托管情况，结合全套留痕材料确认托管人已依照合同约定要求履行托管职责，未参与或协助管理人相关不规范事项，未发现需承担连带责任的情形。

---

　　* 课题负责人：顾成中，华泰证券股份有限公司合规法律部负责人；课题组成员：吴加荣、胡晟、吴达、周文威，华泰证券股份有限公司合规法律部员工。

面对自身产品管理过程不规范情况,经调解员充分申明利害,管理人表示愿意承担投资者本金损失赔偿,但无法承担投资者高额利息要求。在此基础上,调解员同步沟通投资者解释司法判例中利息认定范畴及赔偿标准,投资者慎重考虑后放弃高额利息诉求,最终与基金管理人达成和解。

(二)案例简析

从本次案例可见,涉诉私募基金曾设置预警线、清算线,相关机制的核心均在于产品净值的管控,但由于私募管理人一方"向投资者提供虚高净值"等情形,直接导致预警线、清算线等机制形同虚设,未能起到应有的作用。此类涉及产品净值的纠纷案件并非个例,江苏证监局曾于 2021 年 6 月针对亿鑫投资管理扬州有限公司"发布的基金净值与实际不符""未及时向托管人发送投资标的净值,导致基金份额净值严重高估"等情形作出行政处罚①,深圳证监局也于 2022 年 8 月针对深圳前海大概率资产管理有限公司"未如实向投资者披露个别私募基金净值信息"等情形出具警示函②。另据媒体报道,私募管理人映雪投资前期曾因提供投资者的产品净值数据未经托管人复核,被投资者质疑净值造假引发纠纷③。相关纠纷除直接指向基金管理人外,还涉及托管人履职情况,托管人作为纠纷的相关方,存在被列为共同被告的可能。从现行托管服务及管理实践出发,私募基金相关纠纷重点涉及托管机构内控管理、信息披露等多领域工作内容,有待结合实际案例、法律法规、行业监管要求进一步开展实证研究。

二、私募基金管理人、托管人双方法律关系研究

关于基金管理人、托管人的职责定位,《证券投资基金法》明确规定"基金管理人、基金托管人依照本法和基金合同的约定,履行受托职责",并强调"基金管理人、基金托管人管理、运用基金财产,基金服务机构从事基金服务活动,应当恪尽职守,

① 参见江苏证监局:《行政处罚决定书(亿鑫投资)》,http://www.csrc.gov.cn/jiangsu/c103902/c464ee471d9bc46d9957ae7de93fae539/content.shtml。
② 参见深圳证监局:《关于对深圳前海大概率资产管理有限公司采取出具警示函措施的决定》,http://www.csrc.gov.cn/shenzhen/c104320/c5355755/content.shtml。
③ 参见中国基金报 2022 年 9 月 7 日报道:《伪造净值?百亿私募又出事?客户状告公司,最新判决来了》,http://www.stcn.com/article/detail/679496.html。

履行诚实信用、谨慎勤勉的义务"。针对"受托职责"具体范畴，以往实践中常有"委托代理之受托"和"信托之受托"两种不同论点，上述两种论点的主要分歧便在于托管人是否与管理人形成"共同受托人"关系，进而直接影响纠纷过程中托管人的责任认定。对此，2023 年 1 月中国证监会修订发布的《证券期货经营机构私募资产管理业务管理办法》明确规定"资产管理计划财产为信托财产"，这一规定表明，相较于委托代理关系，信托法律关系更能凸显托管人的受托职责范畴，在合同条款义务之外，更需要强调诚实信用、谨慎勤勉等"共同职责"。

（一）连带责任与分别责任的二元化规则

关于纠纷过程中管理人、托管人的赔偿责任分配，《证券投资基金法》第 145 条明确提出："基金管理人、基金托管人在履行各自职责的过程中，违反本法规定或者基金合同约定，给基金财产或者基金份额持有人造成损害的，应当分别对各自的行为依法承担赔偿责任；因共同行为给基金财产或者基金份额持有人造成损害的，应当承担连带赔偿责任。"针对上述规则，近年有学者将其分析为"连带责任与分别责任的二元化规则"[①]，第一层内涵即"基于责任自负的理念，管理人违反管理义务、托管人违反托管义务时要分别担责"，之所以出现分别担责，根源在于"管理或托管措施的独立性与可分割性"，而一旦出现"特定管理或托管行为的实施离不开共同受托人的联动配合、彼此协调与相互制衡"，则进入第二层内涵——连带责任，"在管理行为与托管行为相互间存在交集、彼此融合构成违法违约的共同行为时，管理人与托管人要对投资人承担连带责任"。这一观点将管理人、托管人双方的责任认定从以往"一刀切"的逻辑中脱离出来，更强调对双方行为"配合、协调、制衡"等关键要素的判断，面对契约型、公司型、合伙型等不同私募基金类型以及样式繁多的合同条款，更具有逻辑的延展性。

（二）违反义务的违约责任

针对合伙型或公司型私募基金，基金合同多采用两方模式，即管理人与投资者签署产品管理基础合同后，管理人另行与托管人单独签署产品托管合同，此时投资者和托管人并无直接合同关系，难以界定违约责任。而在契约型私募基金实践中，基金合同通常为三方合同，签署主体包括投资者、管理人和托管人三方，投资者与

---

① 参见刘俊海：《私募管理人与托管人的连带责任》，《中国金融》2022 年第 21 期。

托管人之间系直接合同关系,即存在违约责任产生的基础。在此情况下,责任认定的重点在于是否存在基金合同载明的具体违约行为,以及该违约行为产生的原因及责任方。实务中私募基金合同通常以列举式条文明确托管人权利与义务,如托管人相关行为未能直接对应合同约定义务,通常难以认定托管人违约;如出现合同条款约定不明确,尤其仅以"勤勉尽责"等原则性表述作为合同义务时,则需要进一步分析托管人相关行为与投资者实际损失之间是否存在直接因果关系及过错程度。

(三)共同行为的侵权责任

在契约型、公司型以及合伙型私募基金托管实务中,无论合同签署方式及关联主体的不同范畴,均存在管理人、托管人作为"共同受托人"的共同行为,包括但不限于产品净值计算及复核、预警线及清算线机制等,上述情况直接触及投资者,如涉及产品投资损失,理论上存在产生侵权责任甚至连带责任的基础。针对上述侵权责任及连带责任,中国人民大学商法研究所所长刘俊海教授总结归纳为"共同背信的积极作为""共同背信的消极不作为""积极作为与消极不作为的混合模式"三类情形[①],三种类型均强调托管人履职行为与管理人存在不同程度的共同过错,并与投资者损失存在直接因果关系,进而提出托管人可能因共同侵权行为被认定承担连带责任。

(四)违约责任和侵权责任的竞合

民事责任竞合即某个法律事实导致两种或两种以上民事责任的产生,而民事责任之间发生冲突的现象。《民法典》第186条规定:"因当事人一方的违约行为,损害对方人身权益、财产权益的,受损害方有权选择请求其承担违约责任或者侵权责任。"上述规定直接指向违约责任与侵权责任竞合的情形,如契约型私募基金托管人与管理人某项共同行为与投资者损失直接关联,并且明显违反合同条款,相对于投资者而言,则形成了托管人违约责任与侵权责任竞合。

三、基金托管人责任实证分析

上文重点探究私募基金产品纠纷中托管人承担违约责任与侵权责任的法律关系,现将结合纠纷案例,具体梳理私募基金纠纷中托管人责任边界。

---

① 参见刘俊海:《私募管理人与托管人的连带责任》,《中国金融》2022年第21期。

（一）投资者质疑私募产品净值造假、平仓线被篡改

在投资者与管理人 XD 资产、托管人 ZT 证券私募基金纠纷①中，投资者向媒体反映，其于 2018 年 1 月投资 100 万购入某私募产品，相关产品于 2019 年 4 月披露净值约 1.3 元，投资者此时曾试图办理产品份额赎回但遭管理人拒绝，直至 2020 年 8 月，管理人仍拒绝为投资者办理份额赎回。投资者经沟通托管人方才获悉，相关私募基金已于 2019 年 10 月提前清算，净值归零。

根据媒体报道，投资者关注点集中于基金净值准确性以及合同约定的基金净值 0.92 元预警线、0.9 元止损线是否有效执行。面对投资者"质疑托管机构未足够提示风险，未尽好保护投资者责任义务，应对投资者损失负有连带责任"，托管人 ZT 证券回应媒体称："在产品运作到清算过程中，托管人严格按照基金合同的约定履行托管职责，针对产品净值触及预警线和止损线情形，通过邮件多次向管理人发送风险提示函并要求管理人及时向投资者进行信息披露。"②

由于目前尚无该纠纷公开判决或仲裁材料，难以进一步了解相关私募产品平仓过程，但针对基金净值归零以及投资者声称"0.9 元止损线遭篡改"情况，有律师评论道："私募基金在设置强制平仓线（又名止损线）的情况下，曾有案例是管理人通过伪造投资者签章，进而向托管人提交了取消强制平仓线的《补充协议》。若托管人内控不严格，仅对《补充协议》进行形式审查，没有和投资者作进一步确认的话，完全有可能导致该基金强制平仓线被取消，进而实际损害投资者权益。"③换言之，关于止损线存续及执行，有可能出现上文提到的管理人与托管人"积极作为与消极不作为的混合模式"，即管理人通过积极的造假方式侵害投资者权益，而托管人出现审核不严等"消极不作为"情形，进而导致托管人因共同行为负有赔偿责任。

（二）投资者诉私募产品未及时按照止损线平仓

在投资者诉管理人 LHTL 资本、托管人 ZT 证券案件④中，投资者于 2016 年购买

---

① 参见证券时报 2021 年 7 月 8 日报道：《百万资金血本无归，投资者竟浑然不知》，http：//www.stcn.com/article/detail/399985.html。

② 参见证券时报 2021 年 7 月 8 日报道：《百万资金血本无归，投资者竟浑然不知》，http：//www.stcn.com/article/detail/399985.html。

③ 参见中国基金报 2021 年 7 月 8 日报道：《晴天霹雳！买私募突然爆雷，产品净值 1.3 直接归 0》，http：//www.stcn.com/article/detail/400361.html。

④ 参见山东省烟台市芝罘区人民法院：王某与某证券股份有限公司烟台分公司、某证券股份有限公司合同纠纷一审民事判决书，案号：（2020）鲁 0602 民初 530 号。

LHTL 资本发行的某私募基金,根据合同,该基金将净值 0.80 元设置为预警线、净值 0.70 元设置为止损线,但投资者 2017 年 11 月赎回产品时净值亏损 33.97%,引发投资者质疑并提起诉讼。

面对投资者要求管理人、托管人共同承担产品损失赔偿责任的诉求,托管人提出"管理人负责对预警线、止损线的监控与执行,托管人对此不进行监督,也不承担相应责任,但可根据情况在次一个交易日后向管理人进行风险提示;该风险提示不表明托管人对管理人所负责的预警线、止损线监控与执行承担任何实质性的连带责任与义务",管理人同步提出"尽管产品赎回余额略低于 0.7 元,但合同中已约定在止损卖出过程中,由于市场价格大幅下跌或因证券、期货跌停、停牌等事件导致证券、期货不能卖出等因素,可能会导致止损后基金份额净值低于止损前基金份额净值的情况",上述答辩意见获得法院认可,法院最终结合证据材料认定"原告无证据证明托管人在履行涉案合同中存在过错""原告无证据证明管理人在基金操作中存在过错,或有违约或违规行为",驳回原告相关诉请。

本次判例的特点在于,基金合同在根源上划定了特定情形下管理人与托管人"责任自负"原则,明确约定止损线执行义务仅归属于管理人,使得法院在审理"产品赎回净值略低于止损线"环节,将托管人责任与管理人责任进行区分论述,首先认定"无证据证明托管人存在过错",随后再认定"无证据证明管理人存在过错,或有违约或违规行为",凸显出"管理或托管措施的独立性与可分割性"。

四、规范履行信息披露义务背景下针对性完善建议

结合实务,由于私募产品更多约定仲裁方式处理纠纷,公开案例较难支撑本文对私募基金纠纷中托管人各类事项进行完整列举。针对托管人责任及问题,前期中国证监会机构部发布《机构监管情况通报》,针对基金投资风格漂移、个股入库审批不严、入库程序履行不到位、指数产品设计把关不严等现象进行了通报,涉及到部分基金公司风格库内控管理缺失等问题,而具有监督职责的基金托管人也存在对基金投资风格监督履职不充分等问题[①]。从公开报道来看,公募基金涉及上述问

[①] 参见中国基金报 2022 年 7 月 16 日报道:《最新监管通报来了,有关基金"风格漂移",这些违规行为被问责》,http://www.stcn.com/article/detail/644348.html。

题的例子并不鲜见①。而本文重点关注的基金净值准确性问题及预警线、止损线执行问题，却极少见于公募基金领域，而出现这一差别的原因恰恰是私募基金与公募基金不同的信息披露路径。

相较于私募基金，公募基金信息披露相关标准和格式规范更为完善，并对时效性有着更为严苛的要求，绝大多数公募基金净值数据可实现交易时段实时更新，并于交易日盘后核对确认，上述数据更是面向全市场公开，为投资者及时获知准确的产品净值提供了极大的便利。而基于私募基金自身的"非公开募集"特性，私募基金产品净值更多依赖于基金管理人对投资者的单向反馈，客观上形成了一定程度的信息壁垒。上海金融法院在总结 2016~2021 年上海涉私募基金案件过程时，便明确提出："投资者与管理人之间的信息不对称易引发管理人的道德风险。由于专业知识和对财产的控制能力存在差异，投资者与管理人之间处于信息不对称状态，投资者的权利实现有赖于管理人忠实勤勉，若管理人与投资者的利益目标不一致，则有可能利用自身专业优势和信息优势损害投资者利益。"②

针对"私募基金的非公开募集与资本市场信息公开透明之间的矛盾"，中国证券投资基金业协会已于 2022 年 5 月通过《协会声音》专栏发布了《境外私募股权基金信息透明化进程研究》③一文，对美国等境外实践经验进行系统阐述。该文章开宗明义地提出私募基金信息透明的内涵与关联主体，"私募基金的信息透明度包括科学统一的信息披露标准、强力的执行制度以及市场化的博弈机制，投资者、服务机构、自律组织和监管机构等各方合力推动形成以信息透明促进私募基金优胜劣汰的正向循环"。随后进一步讲解美国当前实践的方向，"2022 年 2 月 9 日美国证券交易委员会发布了针对私募基金行业监管的新提案，旨在加强私募基金监管力度，进一步提高信息披露要求，保护投资者利益"。文章在总结归纳美国私募股权投资行业构建信息透明正向循环经验的基础上，提出"借鉴国际经验，我国可以考虑探索符合中国国情的差异化的信息披露管理模式"，并强调"坚持私募股权信息透明化方向，建立信息共享机制""尝试建立与工商部门、托管人、中介机构等多方

---

① 参见中新经纬 2022 年 7 月 27 日报道：《多只基金"风格漂移"：监管严查下，基金经理为何仍爱追热点？》，http://www.jwview.com/jingwei/html/m/07-27/495757.shtml。

② 参见上海金融法院：《私募基金纠纷之法律风险防范报告》，《上海法学研究》集刊 2022 年第 8 卷。

③ 参见中国证券投资基金业协会：《境外私募股权基金信息透明化进程研究》，https://www.amac.org.cn/researchstatistics/publication/cbwxhsy/202205/P020220527630114136250.pdf。

的信息共享和校验机制","发挥第三方机构在市场博弈中的监督、协调作用"①。

结合上述境外实践经验及境内完善方向,近期已有学者呼吁优化我国私募基金信息披露制度,提出:"在借鉴美国私募基金监管经验的基础上,应根据我国私募基金发展实情,灵活、适度地加强私募基金信息披露,即要求私募基金管理人提供季度报表,说明基金业绩、费用和支出等情况,以不断规范化和透明化私募基金运作,实现对私募基金行业系统性风险的动态监测和全面评估。"②从现有业务实践出发,在不断加强基金管理人自身信息披露规范要求的同时,借助现有的协会信息展示体系,在合法合规的前提下探索建立共同参与、相互监督的信息披露新机制。不仅通过多主体参与推进形成更为有效的市场博弈机制,还能在管理人消极不作为甚至恶意侵害投资者权益等极端情形下,为托管人提供更为完善的履职尽责渠道;既有利于托管人深入落实监督职责,防范后续纠纷风险,也为投资者及时获取私募基金运作过程重要信息提供帮助,共同维护投资者合法权益。

---

① 参见中国证券投资基金业协会:《境外私募股权基金信息透明化进程研究》,https://www.amac.org.cn/researchstatistics/publication/cbwxhsy/202205/P020220527630114136250.pdf。

② 参见吕昊旻:《美国强化私募基金监管的现实逻辑、内容及影响》,《国际金融》2022年第11期。

第三篇

上市公司专题

案例 10　操纵证券交易市场责任纠纷调解案例

杨立转[*]

　　近年来,群体性证券侵权损害赔偿诉讼呈现短期激增、长期稳增的态势。为妥善处理群体性证券纠纷,维护当事人的合法权益,上海金融法院于 2019 年 1 月在全国首创证券纠纷示范判决机制,即在处理群体性证券纠纷中,选定示范案件先行审理、先行判决,通过发挥示范案件的引领作用,妥善化解后续的其他平行案件。截至 2022 年 12 月底,上海金融法院通过示范判决机制共妥善化解 14 501 件群体性证券纠纷,中小投资者获赔金额约人民币(以下币种相同)11 亿元。上海金融法院坚持把非诉讼纠纷解决机制挺在前面,深化多元解纷机制,在示范判决机制的基础上,首创"示范判决+专业调解+司法确认"全链条诉调对接机制,在首例示范判决案件——方正科技证券虚假陈述案中,共计 2 122 名投资者达成调解协议获赔,调撤率达 98.7%。

　　本文的多元解纷案例也采用全链条诉调对接机制,是上海金融法院首例通过诉前调解成功化解的操纵证券交易市场责任纠纷。拟通过对该案例的分析,对化解相关纠纷提供一些启示。

一、案情简介

　　A 公司系全国中小企业股份转让系统(以下简称新三板市场)挂牌公司。邵某系 A 公司的实际控制人之一。2015 年 11 月 6 日,A 公司发布《股票发行认购公告》,记载股票认购价格为每股 20 元。2015 年 11 月 12 日,B 公司与 A 公司签订《公司股票发行认购协议》,约定 B 公司认购本次发行的 50 万股股票,认购价格为 20 元每股。此次股票发行数量为 2 500 万股,参与发行的投资者包括 B 公司在内的

---

　　* 上海金融法院立案庭法官。

189

23 家机构投资者及 2 名自然人投资者。

2017 年 11 月 20 日，A 公司发布公告称，因涉嫌证券市场操纵，中国证监会决定对 A 公司实际控制人陆某、邵某进行立案调查。2020 年 9 月 7 日，中国证监会作出《行政处罚决定书》，认定邵某与其他两名案外人于 2015 年 8 月 7 日至 2015 年 9 月 30 日期间对 A 公司进行了股价操纵，通过其控制的证券账户大量连续主动买入，以主动与做市商成交，迫使做市商不断提高双向报价中枢的方式对 A 公司股价进行操纵，影响了该股交易量，也对其价格走势产生了重大影响，对邵某处以 150 万元的罚款，对其他案外人亦有相应处罚。

B 公司认为，A 公司和邵某操纵证券交易市场的行为直接导致 B 公司的认购价格过高，B 公司遭受了巨大的损失，故起诉至上海金融法院，要求 A 公司和邵某共同赔偿投资损失 286 万元以及律师费 10 万元。

二、调解过程及结果

（一）启动全链条诉调对接机制

某投资人起诉 A 公司、邵某操纵证券交易市场责任纠纷案，上海金融法院作出过生效的示范判决。示范判决认为：邵某实施了操纵证券交易市场行为。原告的投资决策受到了邵某操纵证券交易市场行为的影响，原告的投资损失与邵某操纵证券交易市场行为存在因果关系。新三板市场在交易量、流动性及定价能力上与成熟的 A 股市场有较大差距，故根据专业评估机构认定的股权价值作为基准价格计算原告的投资差额损失。邵某作为侵权行为人应当承担赔偿责任。无证据证明 A 公司存在参与操纵证券市场的行为与意图，故 A 公司不承担赔偿责任。

本案 B 公司通过网上立案的方式提交了诉讼材料后，诉前调解指导法官（以下简称指导法官）立即启动了"示范判决＋专业调解＋司法确认"的全链条纠纷化解机制。首先，发挥示范判决引导作用，通过电话耐心向双方当事人详细释明诉前调解的优势，建议双方以示范判决为基础进行调解。经引导，双方都同意诉前调解。其次，将案件在线委派给了中证资本市场法律服务中心先行调解，将示范判决一并提供给调解员，方便调解员按照示范判决确定的标准，为当事人提供标准化调解方案。最后，如果调解成功，将提供绿色通道快速进行司法确认。

（二）在线联动调解化解纠纷

由于当事人分处上海、深圳两地，当时又处于疫情防控期间，线下调解，既不便利，也不安全。为突破时空阻碍，本案采用在线方式进行调解。

示范判决所确定的结果对各方当事人的心理预期划定了底线，双方当事人在此结果基础上树立了合理预期，提升了调解效率。调解员以电话、在线视频、电子邮件等方式进行线上沟通，本案双方当事人很快就认可按照示范判决确定的标准来核定 B 公司的投资差额损失。中证资本市场法律服务中心不但是专业的证券纠纷调解组织，还是专业的投资者损失核定机构。在中证资本市场法律服务中心的协助下，双方确认 B 公司的投资差额损失为 106 万元。

虽然调解大方向定下来了，但仍有两个争议难以达成一致。B 公司主张，有个别投资者曾私下获得邵某赔偿的律师费，B 公司希望被同等对待，坚持要求赔偿律师费 10 万元；B 公司担心邵某没有履行能力，坚持要求 A 公司对邵某 106 万元的赔偿义务承担连带责任。A 公司和邵某认为，要求赔偿律师费以及要求 A 公司承担连带责任，均没有法律依据。

为快速化解纠纷，指导法官果断介入在线调解过程，与调解员进行联动调解，各方终于达成了一致意见。① 关于律师费的争议。示范判决并未涉及律师费的处理，B 公司为避免诉讼风险，愿意减少主张的律师费金额。邵某为了挽回声誉，修复与投资者的关系，也愿意让步。最终协商一致由邵某赔偿 B 公司律师费 4 万元。② 关于 B 公司担心邵某没有履行能力的问题。邵某当场转账支付赔偿款给 B 公司，B 公司放弃向其他主体主张权利并承诺相关保密及违约责任条款。

调解成功后，各方在线签署调解协议，在线完成司法确认程序。通过司法确认赋予调解协议强制执行力，有效保障了各方当事人的合法权益。

三、调解案例的启示

因证券虚假陈述、内幕交易、操纵市场等行为一般会引发民事赔偿群体性纠纷。本案 A 公司操纵市场，引发了小规模群体性证券纠纷。有 20 余名投资者诉至法院，B 公司是其中的一名投资者。有些上市公司的证券虚假陈述行为，会引发更大规模的群体性证券纠纷。笔者认为，做好群体性证券纠纷的多元化解工作，可以关注以下三个方面：

（一）用好全链条诉调机制，打造专业化调解团队

群体性证券纠纷法律争议大，专业性强，受侵害的投资者人数众多。如果没有示范判决作为标杆，每个人调解预期不同，很难高效调解。如果没有专业的调解员，很难就专业问题说服当事人。如果达成的调解方案不能强制执行，纠纷就不能算真正化解。示范判决可引导当事人树立合理的预期，提高纠纷化解效率。有示范判决之后，并非一劳永逸，仅仅是批量化解纠纷的开始。中证资本市场法律服务中心这类专业调解组织的调解员比较专业，能够准确理解并传达示范判决的法律原理、损失核定方法，高效推动调解方案达成。达成的调解协议，经法院司法确认后，就被赋予了强制执行力。可见，用好"示范判决+专业调解+司法确认"全链条诉调机制，能够有效解决上述群体性证券纠纷的难题。

本案能够快速说服各方当事人参照示范判决的标准核定损失并形成调解方案，离不开指导法官的引导工作，更离不开调解员利用专业知识为纠纷化解提供有力支持。要用好全链条诉调对接机制，关键是要有专业化调解团队：① 法院要以精于群众工作、善于诉前调解的法官为核心，建立诉调对接专业团队，提高诉前调解指导工作的专业性；要建立专业调解员名录，善于借助"智慧外脑"做好诉调对接工作。② 调解组织要努力吸收更多专业调解人才加入调解团队，让专业调解员有针对性开展调解工作。③ 通过专家授课、案例展示、个案对接、专题研讨等方式加强人员培训，提高调解团队专业性。

（二）打通全在线解纷渠道，完善智能化系统平台

群体性证券纠纷，受侵害的投资者人员分散，遍布全国，维权成本高。打通全在线多元纠纷化解渠道，运用全流程在线诉调对接机制，可以突破空间限制，便捷、高效、低成本地化解纠纷。在疫情期间，还能有效避免人员聚集感染，实现战"疫"期间，纠纷化解工作"不打烊"。统一开发标准、统一业务支撑、统一用户体系的多元解纠处理平台，可打通全在线系统运行中产生"堵点""断点"。比如，本案的处理，案件立案、送达诉讼材料、向调解组织委派案件、主持调解、签署调解协议、司法确认等诉调对接流程全部通过在线方式进行，为投资者提供全在线的智能化多元解纷服务，帮助当事人足不出户化解纠纷，极大降低诉讼成本。通过在线办理，当事人无论身处何处，都可以通过互联网解决纠纷。

今后,要更加注重科技赋能,深化数字改革,全方位提升数字化应用水平,运用人工智能、区块链、大数据等现代科技,构建数字时代多元解纷新模式,进一步让群体性证券纠纷化解工作变得更加高效便利。上海金融法院在此方面进行了初步探索:① 创设了群体性证券纠纷标准化多元解纷系统,联通"中小投资者保护智慧舱",通过人脸识别、人机对话、语义理解等智能技术,智能校验投资者身份,为投资者进行"个性化"风险评估,提供明确的调解预期。② 建立交易数据在线交换系统,与中国结算上海分公司建立交易数据在线查询专用线路,由法院直接批量调取投资者交易记录,减少投资者举证成本,提升损失核定的高效与精准,实现数据查询在线化。③ 建立案件智能辅助系统,针对证券案件模式化、批量化的特点,建立证券纠纷案件智能分析,自动抓取案件信息,进行标签式管理;内嵌文书样式,简单的裁判文书自动智能生成。

（三）加强全方位诉源治理,建立协同化解纷体系

要做好群体性证券纠纷多元化解工作,需要加强全方位诉源治理,推动建立协同化解纷体系。推动更多法治力量向引导和疏导端用力,加强矛盾纠纷源头预防、前端化解、关口把控,完善预防性法律制度,从源头上减少诉讼增量。上海金融法院在这方面做了很多探索:① 协同推广纠纷先行调解理念。协同金融监管机构、金融基础设施、行业协会等,探索推动上市公司、金融机构概括性承诺先行调解机制,率先提出并推动上海证券交易所将证券纠纷多元化解纳入其上市规则,推动将承诺先行调解的内容载入各类金融业务示范合同条款。充分发挥行业协会纽带作用,引导金融主体同意发生争议后优先接受调解纠纷模式。② 协同建立风险防范沟通机制。与证券监管机构建立常态化的金融风险信息反馈机制、金融纠纷法律风险防范报告年度发布机制。对于案件审理过程中暴露的风险问题及时采用审判白皮书、司法建议、专题分析等形式强化预警,促进有关单位源头预防和减少矛盾纠纷。③ 协同创建纠纷联动化解机制。与中证资本市场法律服务中心、上海资本市场调解委员会等8家行业调解组织建立合作关系,合作打造"提前介入+联动调解+全程监督"调解模式。

案例11　证券虚假陈述重大性的认定

——柯某等诉安徽华信等证券虚假陈述责任纠纷案

李　鹏*　练彬彬**

一、案情介绍

原告：柯某等

被告：安徽华信国际控股股份有限公司(以下简称安徽华信)、上海华信国际集团有限公司(以下简称上海华信)

上海华信系上市公司安徽华信控股股东。2013年11月18日，安徽华信发布重组停牌公告。之后，安徽华信多次公告重组进展。2015年6月15日起，因安徽华信拟筹划重大事项且该事项存在不确定性，安徽华信股票开市起停牌直至2016年4月15日。2013年5月20日起至2015年6月15日期间，深证综指同期上涨206.5%。2013年5月20日起至2016年4月15日期间，安徽华信股价上涨390.90%。在此期间，安徽华信于2016年3月1日发布《2015年年度报告》。2016年4月15日，安徽华信发布公告，载明：终止本次重大资产重组并复牌，未来择机尽快重启重大资产重组事宜。同日，安徽华信股票收盘价较前一交易日下降10.03%，并连续三个交易日跌停。同时期，深证综指收盘价下跌分别为0.20%、1.32%、0.30%。之后，安徽华信股价缓慢下跌至2018年3月20日。期间，安徽华信多次表示未来择机重启重组事宜。2017年3月18日，安徽华信发布《2016年年度报告》。之后，安徽华信股价连续多个交易日下跌至2017年3月30日。2018年3月19日，安徽华信股票临时停牌。之后，上海华信所持安徽华信股份过半数被质押和司法查封，并收到深交所问询函。2018年4月25日，安徽华信股票复牌，并宣

* 上海金融法院法官，复旦大学法学博士。
** 上海金融法院法官助理，华东政法大学法学硕士。

布上海华信决定暂时终止筹划重大事项。同日,安徽华信股票收盘价,较前一交易日下降10.02%。2018年4月26日,安徽华信发布公告,载明上海华信及安徽华信未及时披露股权质押、冻结等事项。同日,安徽华信股票收盘价,较前一交易日下降9.90%。2018年4月27日,安徽华信发布《2017年年度报告》。之后,安徽华信股价连续多个交易日下跌至2018年5月18日。另,2018年上半年,上海华信评级被下调,其发行的到期债券存在兑付压力,安徽华信逾期债务总金额达3.7亿元。

2018年8月23日,安徽华信发布《关于收到中国证券监督管理委员会调查通知书的公告》,披露安徽华信于2018年8月22日收到《调查通知书》,具体内容为"公司披露的2017年年度报告涉嫌虚假记载,……我会决定对你公司进行立案调查"。2018年8月23日,安徽华信股票收盘价较前一交易日下跌2.31%,2018年8月24日上涨0.79%,2018年8月27日上涨1.56%。同时期,深证综指收盘价较前一交易日分别上涨0.63%、下降0.23%、上涨2.49%。2018年8月23日至第30个交易日2018年10月11日,累计成交量达到可流通部分的15.93%。在此期间内,每个交易日收盘价的平均价为1.30元,安徽华信股价跌幅8.46%,深证综指跌幅11.04%。同时期,石油行业指数跌幅1.03%。

二、案件调查与主要争议

2020年2月18日,安徽证监局作出《行政处罚决定书》,认定安徽华信存在违法事实如下:① 安徽华信未按规定披露关联交易事项,导致2015~2017年年度报告存在重大遗漏。② 安徽华信虚增2016年度、2017年度营业收入和利润,导致2016年、2017年年度报告存在虚假记载。③ 安徽华信未按规定及时披露其2018年2月为控股股东及其关联方提供担保事项。

原告柯某等诉称,其基于对安徽华信披露信息的信任投资该公司股票。柯某等在虚假陈述实施日至揭露日期间购买了安徽华信股票产生损失,应由安徽华信依法予以赔偿。上海华信作为安徽华信的控股股东应当承担连带责任。被告安徽华信、上海华信辩称,案涉虚假陈述不具有重大性,交易行为受到了虚假陈述实施后发生的重大资产重组等其他重大事件的影响,故交易因果关系不成立。

上海金融法院生效判决认为,本案的争议焦点是虚假陈述的内容是否具有重大性。

三、判 决 结 果

上海金融法院认为,《中华人民共和国证券法》第 80 条第 2 款规定的重大事件包括上市公司订立重要合同、提供重大担保或者从事关联交易,可能对公司的资产、负债、权益和经营成果产生重要影响等情形。本案中,安徽华信虚假陈述的内容涉及未按规定披露关联交易事项,导致 2015～2017 年年度报告存在重大遗漏,虚增 2016 年度、2017 年度营业收入和利润,导致 2016 年、2017 年年度报告存在虚假记载,2018 年 2 月未按规定及时披露为控股股东及其关联方提供担保事项。虽然上述诱多型虚假陈述的内容符合《中华人民共和国证券法》以及证券监管部门制定的规章及规范性文件所列之重大事件,但是从该虚假陈述行为对股价及交易量的影响来看,当时安徽华信的股价受其他诸多因素的主导,安徽华信的虚假陈述行为并未导致股价或交易量产生明显的变化。

具体分析如下：首先,安徽华信首次实施虚假陈述行为是在 2016 年 3 月 1 日,其在发布的《2015 年年度报告》中未按规定披露关联交易事项。这一虚假陈述行为属于隐瞒利空消息的诱多型虚假陈述。但隐瞒利空消息的行为通常无法被外界感知,一般不会导致股价发生变动。同时,年度报告的发布正处于证券停牌期间,更无法对股价造成直接影响。2016 年 4 月 15 日复牌后,安徽华信股价并未明显上涨或维持不动,而是连续三个交易日跌停。这说明虚假陈述未体现出诱多的效果。安徽华信第二次虚假陈述行为系其在发布的《2016 年年度报告》中未按规定披露关联交易、虚增 2016 年度营业收入和利润。上述虚假陈述亦属于诱多型虚假陈述,特别是虚增营业收入和利润,通常会导致股价明显上涨。但安徽华信公布《2016 年年度报告》后,公司股价连续 8 个交易日下跌。安徽华信的第三次虚假陈述行为系其在发布的《2017 年年度报告》中未按规定披露关联交易、虚增 2017 年度营业收入和利润以及未及时披露对外担保,虚假陈述类型同 2016 年,但安徽华信公布《2017 年年度报告》后,公司股价连续 13 个交易日下跌。由此可见,安徽华信在上述诱多型虚假陈述行为实施后并未导致股价明显上涨,市场对其的反应是相反的。其次,诱多型虚假陈述行为揭露后,股价通常受此影响会明显下跌。本案中,虽然揭露日当天安徽华信股价下跌 2.31%,同期大盘上涨 0.63%,但事后两日,安徽华信股价连续上涨,其中第一日上涨超过同期大盘。总体而言,揭露日以及后续两日,安徽华信股价并未出现高于大盘的明显下跌。在揭露日至基准日期间,安徽华信虽然股价下跌,但跌幅小于同期大盘。故,安徽华信诱多型虚假陈述行为的揭露,并未导致股价明显下降。纵观安徽华信从 2016 年 3 月 1 日至 2018 年 10 月 11 日期间的整体走势,安徽华信的股价主要受到证券市场系统风险和其自身资产重组失败的重大影响,虚假陈述行为并未导致其股价明显变化。上述期间,安徽华信股价存在两次大幅度下降。第一次股价大幅度下降发生于安徽华信宣布重组失败于 2016 年 4 月 15 日复牌后。此次停牌开始于 2015 年 6 月 15 日,至复牌长达近 10 个月。停牌期间发生的 2015 年、2016 年股市大盘风险、安徽华信自身的资产重组失败等因素,造成了复牌后的第一次股价大幅度下降。第二次大幅度下降发生于安徽华信再次宣布重组失败并于 2018 年 4 月 25 日复牌后、揭露日 2018 年 8 月 23 日之前。此次股价大幅度下降是安徽华信资产重组失败,控股股东上海华信所持股票质押、被司法冻结,以及上海华信出现资金问题等因素所造成。整体而言,安徽华信提供证据证明其虚假陈述行为并未导致股价或交易量明显变化,其有关虚假陈述的内容不具有重大性的抗辩成立。

综上,虚假陈述内容的重大性是投资者对虚假陈述产生信赖,从而认定交易因果关系的前提,在虚假陈述内容不具有重大性的情况下,相关民事责任不应由安徽华信、上海华信承担。故,上海金融法院于 2022 年 5 月 30 日作出〔2021〕沪 74 民初 1895 号民事判决,判决:驳回原告的诉讼请求。该案已生效。

四、案 件 启 示

《最高人民法院关于审理证券市场虚假陈述侵权民事赔偿案件的若干规定》(以下简称《新规定》)采用价格影响标准作为认定重大性的关键标准。在取消前置程序后,如何适用价格影响标准认定重大性将成为司法审判的争点之一。

(一)虚假陈述重大性的认定标准

《新规定》在本案审理期间开始施行,故本案应当适用《新规定》。与《最高人民法院关于审理证券市场因虚假陈述引发的民事赔偿案件的若干规定》（以下简称《原规定》）相比，《新规定》第10条明确重大性的认定标准为"重大事件或重要事项+价格影响"。至此，重大性的认定标准似乎较为明确。然而，如何正确理解第10条的内在逻辑，第10条与《新规定》"虚假陈述认定""交易因果关系、损失认定"规定之间的关系，与《原规定》下的重大性认定标准之间的关系（即行政处罚在民事赔偿案件中的作用），价格影响标准下举证责任应如何分配等问题，仍存在分析、讨论之必要。

1. 价格影响标准

关于重大性的认定标准，我国立法和理论界中存在投资者决策标准、价格影响标准、发行人品质不利影响标准等多元化标准。[①] 在司法中，《新规定》出台之前，最高院的意见逐渐倾向于采用价格影响标准。[②] 但在《新规定》征求意见的过程中，最高院也曾吸收如下意见：理性投资人标准作为判断重大性的抽象标准，同时将虚假陈述行为对证券交易价格、交易量的影响作为判断信息是否具有重大性的重要证明和考量因素。[③]

《新规定》第10条第1款规定了法院应当认定存在虚假陈述重大性的三种情形：证券法规定的重大事件、监管规范规定的重大事件或重大事项、虚假陈述导致的交易价格或者交易量明显变化。"价格影响标准"更加直接、客观，可操作性更强，且与域外的新进实践相符，最终被明确为认定重大性的判断标准。再详言之，上述三种情形并非等量齐观、三选一的关系。即使虚假陈述的内容符合前两种法定情形标准，如果被告证明相关虚假陈述符合第三种价格影响标准情形，法院应当认定虚假陈述不具有重大性。值得注意的是，第10条规定的重大性不在于界定侵权行为层面的重大性，而在于解决信赖要件层面的重大性（以下如无特别提及，均指信赖要件下的重大性）。《新规定》第4条通过"重大不实记载、重要信息、重要事

[①] 参见周友苏主编：《证券法新论》，法律出版社2020年版，第331~332页。

[②] 最高人民法院民事审判第二庭在《〈全国法院民商事审判工作会议纪要〉理解与适用》中认为"对于虚假陈述重大性的认定标准，美国法在传统上是以理性投资人为标准，但这实际上是法官的标准，可操作性不强。从趋势上看，世界各国在证券欺诈领域，对重大性等主观性较强的事项，越来越多地采用了客观化的证明方法，即以事后的、客观化的指标对虚假陈述的程度进行检验，通过观察虚假陈述行为对证券交易价格和交易量的影响来加以证明。目前，美国证监会、欧盟市场新进的实践，均采用了这一方法。"

[③] 参见雷继平等：《〈新虚假陈述司法解释〉重大性判断标准与局限》，载微信公众号"雷继平法律订阅"，2022年5月访问。

实、重大遗漏、重大事件、重要事项"等表述来界定虚假陈述侵权行为,故虚假陈述侵权行为本身已经包含了"重大性"。鉴于第 10 条前两种法定情形标准与第四条实为一致,故价格影响标准为重大性认定的关键标准。

2. 行政处罚的适用

虽然在信赖要件层面《原规定》对重大性的认定标准未作出明确规定,但是重大性自始至终是法院必查的重要事实。所不同的是,随着虚假陈述侵权诉讼实践的发展,法院审查重大性的独立性逐渐增强,行政责任与民事责任在构成要件、法益保护和认定标准等方面的差异被逐渐重视。初始,《原规定》通过设置行政处罚或刑事裁判起诉前置程序为虚假陈述设定了重大性认定标准。大多数法院在民事案件审理中,可不予涉及而当然认定①。2015 年《最高人民法院关于当前商事审判工作中的若干具体问题》明确规定,重大性的主要衡量指标可以通过违法行为对证券交易价格和交易量的影响来判断。因被行政处罚的虚假陈述行为并非必然影响交易价格、交易量,故行政处罚不再是重大性认定的必要条件而成为充分条件。

本案中,证监部门认定安徽华信未按规定披露关联交易和对外担保事项,虚构保理和原油转口贸易业务,披露的 2015~2017 年年度报告存在虚假记载、重大遗漏等行为,违反了《证券法》信息披露方面的规定。行政处罚查明了上述虚假陈述行为涉及的部分交易金额占经审计的净资产、当期营业收入、利润等财务数据的比例。上述比例已经超过了《深圳证券交易所股票上市规则》等规定的比例绝对标准。因此,前述虚假陈述的内容符合《新规定》第 10 条所规定的重大性法定情形认定标准。但是,行政处罚并未明确是否审查了虚假陈述行为对交易价格或交易量的影响,故在证券侵权民事赔偿案件中,只能作为信息披露义务人实施虚假陈述的证据,而不能直接作为重大性认定的根据。基于此,被告提供了大量证据证明虚假陈述未导致交易价格或交易量发生明显变化。

3. 举证责任的分配

价格影响标准受到质疑的主要原因之一是有观点认为,如果采用该标准,那么原告需举证虚假陈述行为会对证券价格或交易量产生重大影响,但由于影响价格的因素很多,难以判断价格或交易量与虚假陈述行为之间的因果联系,将会加重原

---

① 参见最高人民法院民事审判第二庭编著:《最高人民法院关于审理证券市场虚假陈述案件司法解释的理解与适用》,人民出版社 2015 年版,第 215 页。

告的举证责任。① 对此,笔者认为,在《新规定》下举证责任分配如下:首先,原告仅需根据第 10 条第 1 款第一、二项的规定,提交证据(如行政处罚、刑事裁判以及其他虚假陈述的证据)证明虚假陈述属于《证券法》第 80 条第二款、第 81 条第二款规定的重大事件或重要事项,即完成对重大性的举证责任,而无需进一步证明虚假陈述与证券价格或交易量变化之间的因果关系。此后,被告应当提交证据证明虚假陈述与证券价格或交易量明显变化之间不存在因果关系,并由被告承担举证不能的法律后果。如此,原告的举证责任实际被减轻。

本案中,原告提交了行政处罚证明了虚假陈述行为的存在,同时因行政处罚明确载明了虚假陈述行为所违反的具体信息披露法律法规,且上述规定明确指向了《证券法》(2014)的第 67 条,故原告的举证责任因行政处罚的存在而完成。此后,举证责任转移至被告,被告对此在本案中亦提交了大量的证据与分析意见。

（二）价格影响标准的具体考量因素

《新规定》第 10 条规定的价格影响标准为"虚假陈述的实施、揭露或者更正导致相关证券的交易价格或者交易量产生明显的变化"。上述规定明确了考量交易价格变化的时间区间是虚假陈述实施之后、揭露或更正之后,交易价格的变化程度为"明显"。除此之外,前述规定还要求虚假陈述"导致"交易价格变化。导致交易价格变化的因素千变万化,如何权衡虚假陈述在其中的权重,仍需结合个案具体情况进行分析。

首先,本案根据虚假陈述的类型确定交易价格的通常走势,将实施日至基准日期间的交易价格走势与通常走势相比较,并将其与同期大盘指数、行业指数同步对比,全面、系统分析虚假陈述对交易价格的影响。其次,因考察揭露日的价格变化往往也同时能确定损失因果关系的存在,此时交易因果关系与损失因果关系的区分及效果就并不那么明显②,以及价格影响标准存在价格敏感失灵的可能性③,本案

---

① 参见翁晓健:《证券市场虚假陈述民事责任研究——美国证券法经验的反思与借鉴》,上海社会科学院出版社 2011 年版,第 65 页。

② 参见彭冰:《证券虚假陈述民事赔偿中的因果关系——司法解释的新发展评析》,微信公众号"法律适用",2022 年 7 月 1 日访问。

③ 参见徐文鸣等:《新〈证券法〉视域下信息披露"重大性"标准研究》,载《证券市场导报》2020 年第 9 期,第 77 页。

再从证券市场的风险、个股因素等方面较为全面地考量交易价格变化的主要原因，而未局限于单纯审查实施日、揭露日后交易价格的变化。

1. 虚假陈述类型

虚假陈述的类型一般被假设为如下四种类型：① a 型，通过积极作为、编造利好消息的诱多型虚假陈述；② b 型，通过不作为、隐瞒利空消息的诱多型虚假陈述；③ c 型，通过积极作为、编造利空消息的诱空型虚假陈述；④ d 型，通过不作为、隐瞒利好消息的诱空型虚假陈述。在 b 型、d 型信息披露义务人隐瞒消息的情形之下，因消息通常无法被外界感知，股价在实施日可能通常并不因此发生变化，此类虚假陈述是否影响价格，可能需要等到虚假陈述被揭露之后。在 a 型、c 型信息披露义务人编造消息的情形之下，股价在实施日通常会发生变化。

本案中，安徽华信存在未按规定披露关联交易、关联担保的 b 型诱多型虚假陈述，还存在虚构营业收入和利润的 a 型诱多型虚假陈述。其中，前者涉及 2015 ～ 2017 年年报，后者涉及 2016 年、2017 年年报。2015 年年报因隐瞒利空消息，通常不会导致股价发生变动。2016 年、2017 年报因编造利好消息，通常会导致股价上涨。但是，安徽华信股价在三次年度报告之后分别连续多日跌停，故其诱多型虚假陈述的内容并未导致股价明显上涨，不具有重大性。

2. 影响区间

考察交易价格变化的时间节点可能包括两个，即实施日、揭露或更正日。本案中，最早的虚假陈述行为发生于 2016 年 3 月 1 日《2015 年年度报告》发布之日，且该行为一直持续，故而判决认定虚假陈述实施日为 2016 年 3 月 1 日。但是，实际上案涉虚假陈述行为涉及三份年度报告，亦即从交易价格影响的角度而言，应当考察三个实施日后的股价变化。是否考察揭露日后的交易交易价格变化，取决于虚假陈述的类型。如前所述，隐瞒消息的虚假陈述的实施通常不会导致股价变动，其对股价的影响应当考量揭露日后股价的变化[①]。如果股价发生明显变化，那么隐瞒信息存在重大性，进而可以推定信赖、交易因果关系。具体而言，揭露日后的区间又可以细化为揭露日窗口期以及揭露日至基准日期间。本案中，安徽华信股价在上述两个期间并未出现高于大盘指数、行业指数的明显下跌。

---

① 参见彭冰：《证券虚假陈述民事赔偿中的因果关系——司法解释的新发展评析》，微信公众号法律适用，2022 年 7 月 1 日访问。

3. 其他因素

虽然客观价格未发生明显变化已经证明虚假陈述不具有重大性，但是因影响股价变化的因素众多，欺诈市场理论的经济学基础在于半强势有效市场①，且该标准在域外亦饱受争议②，故笔者认为仍有必要讨论分析股价变动的主要原因，即使前述讨论分析存在落入损失因果关系分析的嫌疑。

《原规定》未区分交易因果关系和损失因果关系，仅在推翻因果关系情形中规定，由于证券市场系统风险等其他因素所导致的损失，与虚假陈述行为不具有因果关系。《新规定》第 31 条规定，法院应当查明虚假陈述、其他原因与原告损失之间的因果关系，其他原因包括他人操纵市场、证券市场的风险、证券市场对特定事件的过度反应、上市公司内外部经营环境等。根据前述规定，证券市场、个股的因素等非因虚假陈述造成的损失应当在损失范围中扣除。本案中，安徽华信股价自实施日起至基准日止发生了两次大幅度下降。2015 年的去杠杆、2016 年年初的熔断等证券市场风险以及安徽华信自身的重组失败，导致了复牌后第一次下降。安徽华信自身重组的失败、控股股东上海华信的债务危机导致了复牌后第二次下降。纵观安徽华信整个股价的走势，证券市场的风险和个股重组失败风险，系虚假陈述实施日至揭露日期间安徽华信股价两次大幅度走低、原告损失产生的主要原因。另外，本案中原告并未提供证据证明安徽华信存在其他虚假陈述行为，干扰实施日、揭露日后交易价格的变化。

综上，该案判决从正反两个方面严谨论述了虚假陈述是否影响了交易价格明显变化。

---

① 参见樊健：《我国证券市场虚假陈述民事责任理论与实践的新发展》，法律出版社 2021 年版，第 9 页。
② 参见严加武等：《虚假陈述重大性的司法认定》，载《金融法苑》2021 年第 107 辑，第 75 页。

第四篇

期货专题

案例12 基于证券期货纠纷的处理评析和研究
——简析期货公司投诉纠纷管理

马玉婷[*]　陈学敏[**]

一、证券期货业纠纷调解机制

(一)法律法规以及政策基础

证券期货业纠纷的解决渠道是否及时与合理,是保障金融市场秩序关键的一环,又因证券期货业纠纷牵涉金额巨大和社会影响面广,容易引发群体性事件,所以构建多元、有效的纠纷解决机制,也是重中之重。为促进此类证券期货纠纷的公正高效化解,中国证监会协同最高人民法院在现行《民事诉讼法》已有民事调解、民事和解制度、《行政诉讼法》已有行政调解以及证监会证券期货领域行政和解制度的基本框架基础上,对证券期货领域的纠纷处理机制提出了更有针对性的具体解决方案。2016年5月,两部门联合发布《最高人民法院、中国证券监督管理委员会关于在全国部分地区开展证券期货纠纷多元化解机制试点工作的通知》,要求在全国31个省、自治区与直辖市的36个城市试点开展关于证券期货纠纷多元化解机制工作,并指定8家试点调解组织共同参与试点工作。在试点工作初见成效后,2018年11月,两部门再次联合发布《最高人民法院、中国证券监督管理委员会关于全面推进证券期货纠纷多元化解机制建设的意见》,意味着纠纷多元化解机制正式全面铺开。

(二)纠纷调解机制实际运行

2016年5月,最高人民法院和中国证监会开始联合开展证券期货纠纷多元化解机制试点工作,联合下发《最高人民法院、中国证券监督管理委员会关于在全国

---

　* 国贸期货有限公司合规部职员。
　** 国贸期货有限公司客户服务部职员。

部分地区开展证券期货纠纷多元化解机制试点工作的通知》。该文件正式确立了我国证券期货纠纷多元化解机制的诞生。其基本工作制度包括建立指导和协调机制、明确多试点范围、建立试点工作制度与落实保障措施。

建立证券期货纠纷特邀调解组织和特邀调解员名册制度，该《通知》要求在指定的试点城市率先开展证券期货领域纠纷多元化解机制试点，并指定 8 家试点调解组织共同参与试点工作，其中包括中国证券业协会、中国证券投资基金业协会、中国期货业协会行业协会、中国证券投资者保护基金等。上述机构均在调解实践中拥有丰富的处理经验，在证券期货纠纷领域具有较高的专业水平，在公众中也具有影响力和良好口碑，而特邀调解员由高校科研人员、证券期货机构高级管理人员等多方人员组成，他们的参与将有效提升证券期货纠纷多元化解机制的推进效果。

二、期货公司面临的投诉纠纷

（一）期货公司投诉纠纷面临的挑战

对于投资者投诉，国务院办公厅《关于进一步加强中小投资者合法权益保护工作的意见》（国办发〔2013〕110 号）明确要求，证券期货经营机构应当承担投资者投诉处理的首要责任。《期货公司监督管理办法》提出了证券期货公司要建立投诉制度、公开处理流程、妥善化解纠纷等要求。

易会满主席在出席证券基金行业文化建设动员大会时明确要求："行业机构和从业人员要珍惜声誉"。俗话说"客户是上帝"，客户是咱们广大机构的衣食父母。作为资本市场生态中的重要主体，市场经营机构不能只关注经营业务和收入利润。投诉处理工作做得好，能够树立公司积极履行社会责任的良好形象，促进公司业务长远发展；投诉处理做得不到位，导致客户利益受损，当然也会影响公司形象和声誉。投资者是资本市场的基础，公司要站在公平公正的立场去处理投诉工作，为投资者做好服务，体现公司的政治站位、格局和为民服务的情怀。

近几年期货行业的投诉主要集中在期市行情较大时出现的通信线路拥堵、系统故障、开户人员配备不足、投资者适当性落实不到位、咨询电话无人接听、融资类业务风控不到位、涉嫌违规进行配资或代客理财等问题，还有尚未杜绝的佣金纠纷投诉、阻碍客户销户和泄露客户个人信息等问题。这些投诉反映出部分期货经营机构在合规自律管理、做好客户服务、落实投资者适当性、建立健全纠纷处置机制、化解矛盾纠纷等方面存在不足。

如今投资者投诉越来越受到重视，不仅仅是因为期货公司认识到负面声音的推动力，同时也要归功于信息时代的高速发展。随着自媒体时代的到来，客户声音的传播达到空前的高速、高效。客户在微博、微信上的一句抱怨，或者一些发帖都可能带来大规模的共鸣与围观，这种爆炸式的信息传播对于整个期货行业都是一个巨大的挑战。

（二）期货公司投诉纠纷分析

面对期货市场的快速发展和变革，期货公司该如何做好投诉纠纷处理工作给我们带来了新的思考和调整的方向。近几年相关监管部门陆续提出期货公司应建立健全投资者投诉纠纷处理机制，切实做好投诉纠纷处理有关工作，通过制定客户纠纷投诉处理的制度进行约束和执行，我们在处理投诉纠纷方面积累了一定的经验。我们发现：要做好投诉纠纷处理工作不应仅仅着眼于"事后处理"；而应在处理好投诉纠纷后，将客户的声音转换为企业内部的改进指导，让投资者的投诉成为推动我们"进化"的力量，即"事前预防"。

如何有效地从"事后处理"转变为"事前预防"？可以从以下四个方面来阐述。

近几年期货行业中较常出现的几种投诉类型的例子：

1. 服务缺失引起的投诉

例一：客户致电客服热线，投诉期货公司组织培训未邀请其参加，投诉客户经理服务不到位。

例二：客户要求工作人员协助其申请免费软件，客户条件不符，客户经理却未告知，一直用"拖"的方式来处理，导致客户后面投诉。

上述案例处理办法：从源头整改，对客户经理开展培训，加强岗位技能，强化服务意识，必要时需要客户经理进行检讨或更换客户经理进行服务。

2. 软件问题引起的投诉

例一：客户通过条件单进行设置，看到行情价格达到其设定的价格后单子却没有成交，客户投诉，认为期货公司应承担损失。

上述案例处理办法：确认客户投诉产生的原因是客户对于软件具体设置不清楚，向客户解释清楚，指派客户经理跟进客户的软件使用情况。后续通过举办交易软件操作培训讲座,制作相关软件的操作手册等方式来避免此类情况的再次发生。

3. 客户对于交易规则不清楚引起的投诉

例一:投资者投诉期货公司结算部门,认为保证金收取混乱,导致其操作受影响。客户称其当日买持仓玻璃 1305 合约 15 手,卖持仓 15 手相同合约,但是保证金只收取了买持仓的保证金,卖持仓未收取。

例二:客户穿仓,客户经理与客户电话沟通入金填补穿仓金额无果,并且客户坚持不理解穿仓概念。

上述案例处理办法:加强客户开户前的期货基础知识培训,确认客户仔细阅读合同中的相关条款,组织相关培训讲座。持续跟进客户日常的交易状态和需求,及时答疑解惑。

4. 投资者适当性未落实到位引起的投诉

例一:客户未认真阅读合同条款,认为自己的保证金是根据交易所的比例收取,导致保证金追加不及时最终被强制平仓。

例二:客户适当性问卷未如实填写,导致客户风险等级与实际不符。客户损失时以此接口认为期货公司未尽到对客户的适当性审核监督。

上述案例处理办法:重视投资者适当性管理工作,在提供服务前,应全面了解客户的情况,科学评估,充分揭示风险,基于客户的风险承受能力给出明确的适当性匹配意见,将合适的产品提供给适合的投资者。通过上面的几个案例,我们不妨通过“投资者投诉”回溯我们的“工作缺位”,站在客户角度看待问题。如果客户对我们的服务不满意,那么我们可以根据投诉找出“服务缺位”,尽早响应客户的合理需求,不断提升我们的客户服务质量;如果客户对我们的软件不满意,那么我们应该升级完善软件功能,提供给客户最简便最快速的软件,并且为客户提供培训讲座或者操作指引;如果客户对交易规则和投资者适当性不清楚,那么我们应该加强营销过程中的客户适当性管理,结合自身经营管理实际,以录音、录像或其他方式记录在营业场所现场开展的风险揭示、客户风险承受能力评估等关键环节,确保客户充分阅读并理解有关合同条款,了解相关产品风险与其自身承受能力的匹配程度。总之除了解决投资者投诉,提升客户满意度外,我们更要将导致投资者投诉的原因调查了解清楚,完善内部流程与管控,避免再次出现相同类型的投诉。针对投资者反映的热点问题和频繁出现的重复投诉问题,查找业务薄弱环节和风险隐患,从运营机制、操作流程、管理制度等方面重点改进。

三、意 见 和 建 议

（一）建立完整的投诉数据分析体系

投资者投诉满意结办绝不是一通投诉的处理终点，更重要的工作是期货公司要对投诉数据进行分析，总结出问题和症结并加以改进。投诉处理部门作为一个投诉全程控制的部门，在处理投诉的过程中积累了大量的投诉数据，这些投诉数据都是为企业提供推动力的基础。如何对这些数据进行分析，实现从客户的声音转换为企业内部改进指导，可以从以下两点来考虑。

1. 投诉数据的分析线

企业后台无法直接接触投资者投诉，并且也无法直接得到客户信息反馈，投诉处理部门的投诉分析尤为重要。从投诉分析部门来看，要通过掌握的投诉数据对后台部门改进给出最大的支撑，在面对投诉数据时，除了甄别有效和无效投诉外，对有效投诉数据的分析建议才是让投资者投诉成为促进企业改进的重要动力。对于投诉数据的分析我们可以分两条线来进行。

一条线是对投诉处理过程的分析，主要是处理投资者投诉数量、投诉处理时长、投诉解决率、客户满意率等，上述分析体现的是投诉的处理效率和效果；另一条线则是对投诉数据内容的分析，主要是投诉原因，投诉涉及的人或部门，投诉涉及的政策或制度等。很多企业对于投诉数据的分析往往都着重于处理过程的分析，而忽略了对投诉数据内容的分析，其实这两条线应该是并驾齐驱的，只有对这两条线做深入的分析，最终才能实现从客户的声音转换为企业内部的改进指导。对于投诉数据的内容分析比较常见的方法有构成分析（从不同的维度分析各类占比，优先关注占比最大的类别）、趋势分析（观察主要投诉指标以及某系具体投诉根源的变化趋势）、排列分析（也叫帕累托分析，识别投诉根源解决的优先级）、疑难分析（主要针对长期悬而未决的投资者投诉进行根源及解决瓶颈的分析）、根源分析（顾名思义，剔除投诉根源则投诉减少直至消失）等。

2. 投诉根源的深入分析

通过对投诉处理过程及内容这两条线的分析，我们找到流程或者业务内容的异常，那么接下来就是锁定投诉原因。这边需要注意的是很多投诉根源的分析是需要跨部门完成的。每个职能部门都会有自己的专业性和工作逻辑，只凭个别部门的一己之力在很多问题上可能抓不到真正的根源或原因，这就需要多部门一起协同分析，对于投诉处理部门汇总的主要投诉原因一起排障、定位、确定根源。

目前期货市场中，引起投诉比较常见的原因主要有以下几个：

（1）存在重营销，轻服务的现象。

期货业务蓬勃发展，随着业务量的增加，少数机构并没有根据市场变化及时改造网络，提升系统，增加柜台人员比例等方式有效应对快速增长的客户需求，导致出现服务不到位，未及时响应客户需求等服务与业务不同步的情况。

（2）投资者适当性落实不到位，没有在"了解你的客户"的基础上销售产品，提供服务。

部分从业人员风险意识薄弱，不够重视客户风险承受能力测评环节，或者未尽到督促客户认真阅读合同内容的责任，导致后续客户以此为由提出质疑、引发纠纷；另外对于自己销售的产品未了解清楚，误导销售导致投诉；或者对公司提供的服务或者系统不清楚，未能准确引导客户导致投诉等。投资者适当性是营销行为的基石，不管是企业还是个人都应该重视，只有投资者适当性落实到位，才能真正做到了解客户。

（3）投诉纠纷处置机制不健全，投诉处理流程不顺畅。

没有落实投诉纠纷首办负责制，导致相关矛盾不能化解在第一现场和第一环节。目前期货行业有个别机构仍未按要求建立起有效的投诉纠纷处置机制，对工作人员接诉接访的要求不明确，对处理过程的监督不到位，导致相关问题得不到及时解决，矛盾被激化。

（4）合规管理不到位，没有实现业务创新与合规风控的同步推进。

目前期货行业有个别机构热衷于资金融入融出、赚取利差等资金中介类业务，盲目追求高杠杆，偏离了服务实体经济的宗旨，其合规管理与风险控制水平未能跟上业务创新步伐，存在较大风险隐患。

（二）分析的落地，改进效果的跟进

数据分析的最后一步是分析的落地。如果数据分析不能促动改进行动的话，一切分析都是徒劳的。投诉处理部门应面对分析完的投诉数据定期形成一份报告,提供改进建议,发送公司相关部门及人员,并追踪和督促促改方案的实施与反馈,由此进入投诉处理工作的正向循环。

（三）研究客户心理,把握处理原则,有效处理投诉

投资者投诉其实是一项集心理学、法律知识、社会文化知识、公关技巧于一体的工作。这就要求投诉处理人员不仅要具备过硬的业务知识,更需要强大的心理素质。

研究投资者投诉时的心理状态,其实最重要的就是换位思考,当我们是客户,遇到这种情况心情如何？为什么投诉？投诉是想要什么样的结果？只有换位思考后才有办法继续往下思考如何解决,因为不具备同理心的投诉处理人员一定没办法处理好客户的投诉。在投诉处理过程中,必须以维护公司利益为基本准则,以尊重客户、尊重事实为前提,理解客户,用积极诚恳、严肃认真的态度对待每一个客户的投诉。

（四）投诉纠纷处理能力建设

公司内部应建立交互平台,让投诉受理人员与后台人员进行信息交流。首先内部交互平台在投诉处理中有助于投诉处理人员在面对投诉时,可以及时通过平台的帮助尽快解决问题,相当于集合公司各部门的优秀人员协同投诉处理人员一起完成投诉处理;其次投诉处理后,在交互平台上可以及时进行投诉案例的分享及学习,不会让投诉单纯的在投诉处理部门流转。

另外,公司应定期对投诉处理人员及相关客服人员进行投诉纠纷处理技巧等方面的培训,形成一个良好的投诉纠纷处理学习氛围,特别是对分支机构的投诉纠纷处理能力培养。

未来的中国期货市场不仅会迎来巨大的机遇,同时也会面临巨大的挑战,期货业务将会越来越多样化。我们身处互联网时代,投资者投诉的方式多样且便捷、投诉产生的影响大幅扩展,投诉处理也应该是一场顺势而为的长期功课,技术、平台、流程、话术、人员、培训都需要与时俱进,以最快速有效的方式处理投资者投诉问题,降低影响,更关键的是,从投资者投诉中发现当前工作的不足,及时处理和整改,强化综合的能力和素质,提升服务竞争力。

案例 13　常见期货居间纠纷类型及案例评析

何　娇[*]

期货居间人,也称为期货中介人,是指受期货公司委托,为期货公司提供订立期货经纪合同的中介服务,独立承担基于中介服务所产生的民事责任,期货公司按照约定向其支付报酬的机构及自然人。随着我国期货市场的逐步发展,期货居间人应运而生。他们一方面满足了期货公司获取广大客户的需求,另一方面也为客户提供了贴身的个性化服务,缓解了期货市场上期货公司与交易者之间信息不对称的矛盾,缩短了交易者与期货公司选择的时间成本,提高了双方的缔约成功率,使得越来越多的交易者加入到期货行业,期货市场交易日趋活跃,交易规模持续增长。

然而,期货交易本身具有高风险性、复杂性和专业性等特点,为保护期货交易者,监管机构对其进入期货市场设置了相应的准入门槛,并要求期货公司及居间人对交易者必须进行充分的风险告知及提示。但由于现实的利益驱动,目前期货市场上出现了很多不规范、不正当的期货居间活动,不仅引发了一系列的期货居间纠纷,也损害了整个期货行业的声誉。因此,对期货居间纠纷案例进行梳理和研究,对于期货公司如何更好地履行居间人管理职责,提高客户服务水平具有重要意义。

经梳理,近年来期货居间纠纷主要分为以下四类:

一、居间人未履行适当性义务和告知说明义务引发的纠纷

2022 年底,最高人民法院公布了年度全国法院十大商事案件,其中与期货行业紧密相关的案例即张某某诉陶某某、北京某期货有限责任公司期货交易纠纷案[(2021)京民终 288 号]。原告张某某通过居间人陶某某在北京某期货有限责任公

---

* 方正中期期货有限公司法律合规部员工。

司从事期货交易并受到损失,认为居间人和期货公司均存在过错造成其损失,遂将居间人和期货公司诉至法院。

本案争议焦点如下:

(一)期货居间人的法律地位及其应承担的法律责任性质

法院认为,对于期货居间人的定位及法律责任性质,根据《最高人民法院关于审理期货纠纷案件若干问题的规定》第10条规定,以及中国期货业协会《期货公司居间人管理办法(试行)》第2条之规定可知,期货居间人是指受期货公司或者客户的委托,作为居间人为其提供订约的机会或者订立期货经纪合同的中介服务,并收取期货公司或者客户依约支付的报酬的机构或者自然人主体,期货居间人应当独立承担基于居间经纪关系所产生的民事责任。特别是自然人居间人,其不隶属于任何机构,应以自己的名义开展居间业务,并独立承担基于居间等行为产生的一切法律后果。因此,期货居间人的法律地位及应承担的法律责任性质,不同于代理人及代理法律关系的性质。

(二)居间人、期货公司是否应当承担法律责任

1. 居间人是否应当承担法律责任

法院认为,根据居间人与期货公司签订的《居间合同》的约定,以及《期货交易管理条例》《证券期货投资者适当性管理办法》《期货公司居间人管理办法(试行)》等行政法规、部门规章、自律规则的规定,期货居间人应严格履行"投资者适当性义务",同时对投资者应当负有诚实守信、勤勉尽责的义务。而在本案中,居间人自称其不认识原告,未对原告进行期货投资风险提示并及时披露其居间人身份,即未履行"投资者适当性义务",与原告的期货交易损失具有法律上的因果关系。因此,居间人应当承担相应的赔偿责任。

2. 期货公司是否应当承担法律责任

法院认为,期货公司与期货居间人(包括机构及自然人)之间并非"绝对隔离"。在本案中,虽然期货公司提供了原告的风险评测结果、《普通投资者适当性匹配意见告知书》《期货委托理财特别风险提示及居间义务明示》《期货交易风险说明书》以及工作人员对原告的开户验证视频等证据,证明期货公司已履行了适当性义务。但是期货公司未对期货居间人进行有效管理,导致期货居间人未履行"投资者适当性义务",因此期货公司应承担相应的赔偿责任。

最终，二审法院结合原告、居间人及期货公司存在的过错、过错的性质及大小、过错和损失之间的因果关系等因素，酌定判决居间人向原告赔偿 30% 的损失，期货公司向原告赔偿 10% 的损失。同时，法院认定原告作为一位有金融产品投资经验的投资者，其风险承受能力级别与其所交易的期货产品风险等级相适配，应对其自主进行的期货交易损失承担主要责任。

本案案例评析如下：

从本案可以看出，如果居间人未履行适当性义务和告知说明义务，即使期货公司已履行，也不能完全免责。原因就在于，期货公司通过居间人拓展了业务范围，获取了营业收入，理应承担居间人管理主体责任，监督居间人去履行适当性义务和告知说明义务等原本应由期货公司履行的义务，而不能对居间人不规范的居间行为采取默许甚至纵容的态度。

另外，本案判决理由部分对于期货居间人的适当性义务和期货公司的居间人管理义务也进行了详细阐述。对于期货居间人"适当性义务"的内涵和范围，法院认为不仅包含《期货交易管理条例》《证券期货投资者适当性管理办法》等行政法规、部门规章中规定的适用于期货公司但与合格投资者确认密切相关的"适当性义务"，亦体现在居间人与期货公司的约定、地方性行业自律规则中。在本案中，《居间合同》项下包括居间人应了解客户适当、披露其居间人身份及告知投资者期货交易风险等义务。即使居间人已履行适当性义务也并不免除期货公司履行投资者适当性义务。

值得注意的是，本案判决后，《期货和衍生品法》已颁布实施，其中第 50 条明确规定了期货公司的适当性义务，即"期货经营机构向交易者提供服务时，应当按照规定充分了解交易者的基本情况、财产状况、金融资产状况、交易知识和经验、专业能力等相关信息；如实说明服务的重要内容，充分揭示交易风险；提供与交易者上述状况相匹配的服务"。且期货公司如违反上述适当性义务导致交易者损失的，应当承担相应的赔偿责任。此外，第 51 条亦规定，"普通交易者与期货经营机构发生纠纷的，期货经营机构应当证明其行为符合法律、行政法规以及国务院期货监督管理机构的规定，不存在误导、欺诈等情形。期货经营机构不能证明的，应当承担相应的赔偿责任"。也就是说，期货公司不但要履行适当性义务，还必须对履行过程留痕，证明其切实履行过适当性义务，否则可能承担举证不能的不利后果，甚至承担巨额赔偿责任。

关于期货公司的居间人管理义务,法院认为在目前我国的法律法规及司法解释对期货公司与期货居间人之间的责任关系尚无相关规定的情况下,期货公司应参照《期货公司居间人管理办法(试行)》承担居间人管理主体责任,履行基本的风险防控义务。法院还指出《期货公司居间人管理办法(试行)》虽然作为行业协会自律规则,且施行时间不长,但其是对期货公司应当承担的期货居间人管理主体责任的进一步总结性完善、细化及严格规范,在此之前,期货公司就应当负有上述基本的管理责任,履行基本的风险防控义务。

二、居间人"喊单带单"引发的纠纷

"喊单带单",即所谓的老师、专家通过微信群、QQ群等即时通信工具,虚构、夸大或者片面宣传交易业绩,并公布自己的交易策略或者交易指令,诱使交易者进行期货交易。这些老师、专家可能是居间人本人、员工或者有关联的其他人。

2023年2月,上海某法院公开审理了期货居间人宋某、佘某涉嫌非法经营期货交易咨询业务案,引发全行业关注。回溯案情可知,2019年5月,被告人宋某成立一家咨询公司,并以该公司名义为上海、北京的数家期货公司提供居间服务,按比例收取客户交易手续费。同年11月,被告人佘某入股该公司并参与经营,负责员工培训等工作。经营期间,被告人宋某、佘某为牟取利益,在未经中国证监会批准、未取得期货投资咨询业务资格的情况下,招募刘某等10余人(均另案处理)担任期货交易分析师、业务员等,以开展期货居间形式变相从事期货投资咨询业务。两名被告人指使业务员通过网络渠道发布期货行情分析,以承诺开户后提供期货交易辅导吸引客户开立账户;其后,指使分析师、业务员通过微信向客户提供"买点""卖点""止盈点""止损点"等投资建议,引导、鼓励、促成客户交易,从而产生更多交易费。至2021年底,被告人宋某、佘某等人向多名客户提供期货投资咨询服务,并从期货公司处分得手续费返佣400余万元。经查证,其中数名客户根据宋某、佘某等人提供的建议进行交易并产生手续费,宋某、佘某从中非法获利24万余元。

本案庭审的三大焦点为:

（一）被告人行为是合法期货居间还是变相期货投资咨询

辩护人认为，被告人具有期货居间人身份，签订的是居间协议，在居间活动中提供一些免费的期货投资咨询是居间伴随行为，本质上仍然是期货居间行为。而公诉人认为，本案被告人以公司名义与期货公司签订居间协议，待开户后再提供期货投资咨询建议，免费只是表象，实际是通过期货居间人返佣分账结构，借助交易所、期货公司渠道，变相收取对应费用。根据国务院《证券、期货投资咨询管理暂行办法》第2条的规定，属于期货投资咨询行为。

（二）被告人行为是否违反国家规定

辩护人认为，被告人的行为在期货居间行业具有一定的普遍性，其本人不知道该行为违反国家规定。待2021年9月期货行业协会颁布《期货居间人管理办法（试行）》，被告人才知道之前实施的行为是违法的。公诉人则认为，2021年9月期货行业协会颁布的《期货居间人管理办法（试行）》，是对原有禁止性规定的重申，并非新的规定，不能成为免除、减轻责任的理由。事实上，早在1998年，国务院《证券、期货投资咨询管理暂行办法》就明确规定，未经中国证监会批准，任何机构和个人均不得从事各种形式的期货投资咨询业务。2017年修订的《期货交易管理条例》第17条、第74条第2款同样规定，未经批准不得非法经营期货投资咨询业务。因此，被告人的行为自始至终，都是国家规定禁止的行为。

（三）关于本案行为危害性

辩护人认为，被告人在居间活动中提供期货投资咨询，投资者都有投资经验，主观上没有欺骗的故意，客观上对客户投资起到了辅导作用，危害不大。但是公诉人认为，期货是典型的金融业务，坚持金融特许经营，不得无证经营、超范围经营，是防范金融风险、守住金融底线的重要保证。未经批准的期货投资咨询服务，和其他非法金融活动一样，危害都很大。未经批准提供期货投资咨询，意味着缺少资质、脱离监管，在利益的驱动下，原本不具备研究、建议能力的人，为了获取更多违法所得，会夸大自身能力、编造虚假信息，引诱、刺激投资者交易，严重损害投资者利益。少数不具备风险承受能力的期货投资者受到引诱、误导后交易，遭受严重亏损，导致其面临生活困难、债务危机、到处维权，从而诱发社会风险，不利于和谐稳定。

最终，法院判决被告人宋某犯非法经营罪，判处有期徒刑一年，并处罚金人民币三十万元;被告人佘某犯非法经营罪,判处有期徒刑八个月,并处罚金人民币十万元。退缴在案的违法所得人民币十五万元予以没收,其余违法所得继续追缴。禁止被告人宋某、佘某自刑罚执行完毕之日或者假释之日起三年内从事期货居间职业。

本案案例评析如下:

从判决结果可以看出,法官基本采纳了公诉人的意见。公诉人在庭审过程中对期货交易咨询业务的持牌属性、业务内涵以及其和居间业务的区别进行了全面深入的分析,警示期货居间从业人员认清行为性质,守住法律底线。本案为期货居间人划定了清晰的业务红线,也为广大交易者识别非法期货交易咨询业务提供了明确的参考依据。

根据《期货公司期货交易咨询业务办法》第3条规定,"期货公司从事期货交易咨询业务,应当经中国证监会批准取得期货交易咨询业务资格;期货公司从事期货交易咨询业务的人员应当符合相关从业条件。未取得规定资格的期货公司、不符合相关从业条件的人员不得从事期货交易咨询业务活动"。因此,期货交易咨询业务与居间业务不同,属于金融特许经营的范围,不仅要求经营机构具备期货投资咨询资质,而且具体从事的个人也应具备该资质,未取得相应资质从事期货投资咨询业务属于非法经营的行为,甚至可能构成非法经营罪。

另外,关于期货投资咨询业务的范围,在《期货公司期货交易咨询业务办法》第2条中已有规定,"本办法所称期货公司期货交易咨询业务,是指期货公司基于客户委托从事的下列营利性活动:(一)协助客户建立风险管理制度、操作流程,提供风险管理咨询、专项培训等风险管理顾问服务;(二)收集整理期货市场信息及各类相关经济信息,研究分析期货市场及相关现货市场的价格及其相关影响因素,制作、提供研究分析报告或者资讯信息的研究分析服务;(三)为客户设计套期保值、套利等交易方案,拟定期货交易策略等交易咨询服务;(四)中国证券监督管理委员会规定的其他活动"。由此可知,与期货相关的风险管理顾问服务、研究分析服务及具体交易咨询服务,均属于期货投资咨询业务的范畴。且法规并未限定提供上述服务必须是书面形式,也就是说通过微信、QQ、直播间等自媒体以文字、音频、视频等电子形式提供上述服务,也属于期货投资咨询的服务形式。

三、居间人代客交易引发的纠纷

居间人代客交易，是指居间人接受客户委托，代理客户从事期货交易的行为，因客户资金全由居间人操作而存在着极大的风险隐患。2020 年河南省高级人民法院宣判了这样一则案例[（2020）豫民终 961 号]：2015 年初，屈某某（本案居间人）让王某某介绍他人炒期货，并称自己炒期货赚了很多钱，在自己的指导下肯定能赚钱。王某某遂联系了盛某某、雷某某（本案两原告）等人准备炒期货，并商定为了方便起见以柯某某（王某某妻子）的名义开设账户，由两原告将钱转入柯某某账户。后居间人联系了某期货有限公司客户经理分别为柯某某开办了期货账户，并要求将自己作为居间人。账户开办后居间人即开始炒作柯某某的期货账户，频繁交易终致巨额亏损，而自己则赚取大额居间费。

本案的争议焦点有二：

（一）居间人应否对两原告的全部损失承担赔偿责任

对于居间人的责任认定，（2017）豫 0402 刑初 209 号刑事判决、（2018）豫 04 刑终 225 号刑事裁定就居间人用柯某某期货账号内现金频繁进行期货交易，获取高额手续费的事实，已认定居间人犯诈骗罪并判处刑罚。民事责任方面，居间人在明知投资者不懂得期货操作和期货交易规则的情况下，操作投资者账户进行高频交易以获取手续费，法院认为居间人对投资者损失应承担 80% 的责任（该案交易手续费已通过刑事判决退赔）。

两原告因违反《期货市场客户开户管理规定》的实名制要求，而且在期货公司通过对开户人的电话回访、发送短信等方式，提醒期货交易情况及相关风险情形下，原告没有引起重视，在长达八个多月时间内对账户内资金没有尽到监管责任，亦没有督促开户人反馈期货交易信息，对涉案期货交易持放任态度。原告对于自身损失存在一定过错，应承担 20% 的责任。

（二）期货公司是否应当承担连带赔偿责任

至于期货公司，法院认为期货公司在柯某某开设账户时，已向其提示期货交易风险及应注意的事项，且期货公司通过与柯某某签署《密码修改确认单》及电话回访的方式，提醒柯某某及时修改交易、资金、保证金监控中心密码，并定期修改以上密码及了解自己账户内的资产及交易情况等事项。在期货交易期间,期货公司向柯某某预留的手机号码多次发送期货交易情况及风险提示等短信,证明期货公司已经尽到风险提示和监管义务。且投资者亦没有提供其他有效证据证明期货公司工作人员与居间人存在共同侵权行为。法院认为期货公司无需承担连带赔偿责任。

本案案例评析如下:

一般情况下,居间人代客交易被认定为违反部门规章及行业规定的行为。具体而言,违反了《期货公司居间人管理办法(试行)》第14条"期货公司应当要求居间人不得有接受投资者委托,代理投资者从事期货交易的行为;不得有为投资者介绍代理人代其进行期货交易的行为"。

本案则为所有居间人敲响了警钟:在明知交易者不懂期货操作、不懂期货交易规则的情况下,未告知交易者居间收入来源,代理客户交易,产生巨额手续费,骗取客户资金六千元以上的,可能构成诈骗罪。早在2001年,国务院办公厅即颁布《关于严厉打击以证券期货投资为名进行违法犯罪活动的通知》,明确对以"投资咨询""代客理财"等为招牌,以高额回报、赠送礼品、虚假融资、减免手续费、提供"免费午餐"等为诱饵吸纳客户资金,采用内部模拟证券期货交易等手法,非法侵占他人财产的,以涉嫌集资诈骗罪立案查处。因此,存在向不特定多数人非法募集资金从事代客交易的,可能构成集资诈骗罪。

四、违反廉洁从业规定引发的纠纷

此类纠纷主要可分为三种类型:

(一)员工通过居间业务谋取不正当利益,承担行政责任

根据中期协《关于对林某作出纪律惩戒的决定中期协字〔2022〕75号》,林某在A期货公司汕头营业部从业期间,与A期货某居间人结婚后,违反《A期货有限公司居间业务管理制度》第二章第6条"本公司工作人员及其配偶不得成为本公司和其他期货公司居间人"的规定,任由其配偶继续做公司居间人,并通过划转客户关系,将本应当属于公司的利益转移至个人名下,获取不正当利益。

林某的行为同时也违反了《期货从业人员执业行为准则》第29条的规定,即

"从业人员在执业过程中不得获取不正当利益。获取不正当利益的，应当退还。"以及违反《期货经营机构及其工作人员廉洁从业实施细则》第 15 条第（一）项的规定，即"期货经营机构及其工作人员在开展期货经纪业务及其他销售产品或提供服务过程中，不得通过以下方式输送或谋取不正当利益：（一）通过返还佣金或其他利益、违规给予部分客户特殊优待、向不满足适当性要求的客户销售产品或提供服务等方式，谋取或者输送不正当利益。"

因上述违反法规及违反公司制度的事实，林某被处以训诫的纪律惩戒。

（二）员工虚构居间人，构成职务侵占罪

根据（2013）朝刑初字 2998 号判决书显示，被告人孙某身为公司工作人员，利用职务上的便利，虚构居间人用以侵吞期货公司给居间人的返佣，将本单位财物非法占为己有的行为，构成职务侵占罪（立案标准：3 万元以上）。鉴于被告人孙某经民警电话通知后自动到案，归案后能够如实供述主要犯罪事实，系自首，当庭自愿认罪，具有一定悔罪表现，且其亲属代为退赔了大部分侵占钱款并已取得被害单位谅解，故法院院对其所犯罪行依法予以减轻处罚，判处有期徒刑二年六个月，继续退赔给被害单位造成的其余经济损失。

孙某的行为亦属于部门规章《证券期货经营机构及其工作人员廉洁从业规定》中禁止的谋取不正当利益的情形，应承担相应的行政责任。

（三）公司虚构居间人，构成行贿类犯罪

根据（2017）辽 02 刑终 201 号判决书显示，被告单位期货公司大连营业部为谋取不正当利益，账外暗中给予非国家工作人员以回扣，数额较大；被告人张某某系被告单位直接负责的主管人员，参与单位行贿活动，上述被告单位和被告人的行为均侵犯了公司、企业的正常管理活动和市场竞争秩序，被告单位期货公司大连营业部、被告人张某某构成对非国家工作人员行贿罪（立案标准：个人行贿 3 万元以上，单位行贿 20 万元以上）。被告人王某作为公司的工作人员，利用职务上的便利，违反国家规定收受回扣，归个人所有，数额较大，构成非国家工作人员受贿罪。

行贿的期货公司及其员工的行为亦属于部门规章《证券期货经营机构及其工作人员廉洁从业规定》中禁止的输送不正当利益的情形，应承担相应的行政责任。

本案案例评析如下：

此类案例与其他三类期货居间纠纷最大的不同就在于，均是公司员工通过居间业务谋取不正当利益导致处罚的情形。这体现了监管贯彻廉政建设,保持监管高压态势,坚决治理金融市场乱象的决心。商业贿赂、以权谋私、利益输送等不当行为,绝不是无伤大雅、司空见惯的商业合作行为,而是极大侵害公众交易者利益,严重影响资本市场长期健康发展和经济秩序的危害行为。因此,违反《廉洁从业规定》不仅要承担行政责任,情节严重者甚至要承担刑事责任。

五、结　语

居间人在期货行业发展过程中的作用固然不可磨灭,但不规范、不正当的期货居间活动给交易者造成了损失,引发了大量的期货居间纠纷,不仅让广大期货交易者深受其害,也使得期货公司遭受"无妄之灾",进而损害整个期货行业的声誉,不可不引起重视。

由于居间人非金融机构,不属于金融监管的直接监管对象,所以目前对居间人的监管大多通过对期货公司的监管间接实现对居间人的监管,但是期货公司和居间人的民事委托法律关系模式导致期货公司对居间人的管理半径和效果非常有限,期货公司的居间人管理行为在实践中体现更多的是事前进行规范和控制,事中的管理和事后追责都只是亡羊补牢,作用非常有限,因此强调或突出居间人这一独立责任主体的规范显得更为重要。

目前我国并无专门针对居间关系的法律法规,在行业自律层面,中期协颁布的自律规则《期货居间人管理办法(试行)》精神同现行民事法律和期货交易法规一致,可作为监管及判决参考。居间人如违反该管理办法的,中期协可采取将其列入失信名单并在协会官方网站公示、要求期货公司不得与其建立合同关系等惩戒措施。期货公司及其工作人员履行居间人管理责任不到位的,协会可以视情节轻重予以提示或者依据《中国期货业协会批评警示程序》《中国期货业协会纪律惩戒程序》采取相应的纪律处分措施,并可向中国证监会及其派出机构就相关责任人提出不适当人选建议。

因此,无论是期货公司还是居间人,均不可在居间活动中存有侥幸心理,脚踏实地各尽其责方显正道。居间人应严格遵守居间业务相关的法律法规、监管规则、居间合同约定,坚守业务红线。期货公司应加强内控管理,根据法律法规、监管规则和居间合同约定切实履行居间人管理义务，并且对居间人管理的整个过程留痕。所有的留痕都是期货公司对居间人管理的责任印记，管理不是体现在口号上、制度上，而是要体现在每一次培训宣导、每一次的回访管理中，每一次的居间材料都清楚明晰，只有这样才能更好地履行居间人管理职责，才能在事前把居间人的风险压到最低，肃清居间行业不良风气，净化期货行业展业环境，更好地保护广大交易者的合法权益，赢得交易者的信赖，促进期货市场健康稳定地发展。

案例 14　期货公司居间人"喊单"纠纷实证分析
——基于法律服务中心近三年调解数据

陈惠惠[*]

一、问题的提出：最近三年[①]期货公司居间人
"喊单"纠纷爆发式增长

（一）法律服务中心最近三年调解结案的"喊单"纠纷数据统计

2020~2022 年,法律服务中心陆续受理并调解了 678 件涉及期货公司居间人的"喊单"纠纷。从纠纷数据上看,"喊单"纠纷数量从 2020 年的 54 件增长至 2022 年的 466 件(见图 2 - 14 - 1),其中 2021 年、2022 年纠纷数量同比分别增长了 192.59%、294.94%;同时,"喊单"纠纷在期货类纠纷中的占比亦是逐年攀升,分别为 28%、63% 和 86%。

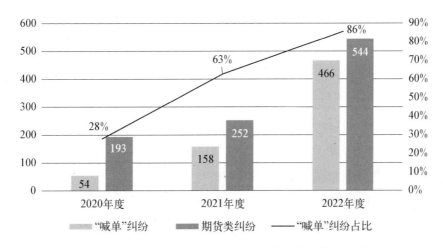

图 2 - 14 - 1　最近三年经调解结案的"喊单"纠纷数据统计

　＊　中证资本市场法律服务中心资深经理、专职调解员。
　①　本文中"最近三年"指的是 2020 年 1 月 1 日至 2022 年 12 月 31 日。

（二）"喊单"纠纷数量增长的原因分析

"喊单"纠纷数量增长与我国期货市场的发展、期货法律规范体系的完善呈正相关：

首先，我国期货市场最近三年蓬勃发展，自 2020 年以来整体延续较大规模体量，2022 年中国期货市场成交 67. 68 亿手（单边）和 534. 9 万亿元①。

其次，中国期货业协会于 2021 年 9 月 10 日颁布了《期货公司居间人管理办法（试行）》（以下简称《居间人管理办法》），明确了期货公司应承担居间人管理主体责任，负责妥善处理有关居间纠纷，解决了"喊单"纠纷无规则可依的困境。

再次，《期货和衍生品法》于 2022 年 4 月 20 日颁布，其中第 56 条②明文规定了期货经营机构的强制调解义务，从而促使更多的期货公司参加到调解中来，依法履行强制调解义务。

最后，"喊单"纠纷增长背后亦凸显了近年来我国期货市场投资者教育卓有成效，投资者的维权意识得到了增强，包括调解在内的纠纷多元化解渠道得到了推广。

二、"喊单"纠纷样本分析

为了深入研究"喊单"纠纷，本文随机抽取最近三年经法律服务中心调解结案的 50 例"喊单"纠纷作为样本，分别从纠纷涉及的交易者基本情况③、交易者从事期货交易情况以及纠纷调解情况等多角度进行了分析，以期为后续有关期货交易者保护以及纠纷调解工作打下扎实基础。

（一）"喊单"纠纷中交易者基本情况

1. 交易者多为中青年且受过高等教育

从年龄构成来看，36～45 岁、46～60 岁的交易者占比均超过 30%，分别为 32%、

---

① 中国期货业协会：《2022 年度期货市场发展概述》，http：//www. cfachina. org/aboutassociation/associationannouncement/202302/t20230221_36601. html。

② 《期货和衍生品法》第 56 条规定，交易者与期货经营机构等发生纠纷的，双方可以向行业协会等申请调解。普通交易者与期货经营机构发生期货业务纠纷并提出调解请求的，期货经营机构不得拒绝。

③ 本文中的"交易者"仅指期货市场普通个人交易者。

40%,26~35岁的人群比例为18%,25岁以下和60岁以上的交易者占比较少,分别为2%和8%。交易者年龄构成见图2-14-2。

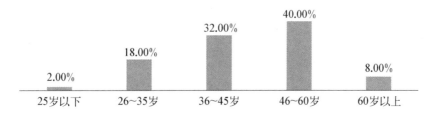

图2-14-2 交易者的年龄构成

从受教育程度来看,62%的交易者接受过高等教育,其中具备大学专科学历的交易者占比28%,具备本科学历的交易者占比为32%,具备硕士学历的个人交易者占比为2%。然而从单一学历来看,高中及以下学历的交易者占比最高,为38%。交易者学历分布见图2-14-3。

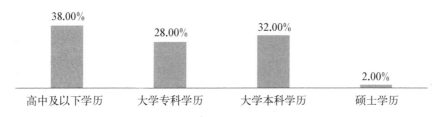

图2-14-3 交易者的学历分布

2. 超六成交易者收入来源为工资和劳务报酬

从收入来源看,交易者收入来源基本为工资和劳务报酬、生产经营所得,占比分别为66%、28%。出租、出售房地产等非金融性资产收入、利息等金融性资产收入占比较小,分别为4%、2%。交易者收入来源分布见图2-14-4。这表明大部分交易者为工薪阶层,收入来源稳定但单一。从收入水平来看,97%的交易者最近三年平均年收入在5万元以上,其中超5成的交易者平均年收入集中于5万~20万元这一区间。根据国

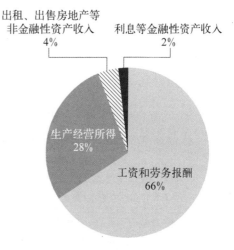

图2-14-4 交易者收入来源

家统计局发布的《2022 年居民收入和消费支出情况》，2022 年居民人均可支配收入[①]为 36 883 元，交易者的平均年收入基本高于全国居民人均可支配收入。

3. 92% 的交易者来自于非一线城市

从交易者所在城市的分级[②]来看，来自一线城市的交易者仅占比 8%，来自新一线城市、二线城市和三线城市的交易者占比均超过 20%，分别为 22%、24%、24%，四线城市的交易者占比为 14%，五线城市的占比为 8%。交易者所处城市如图 2－14－5 所示。

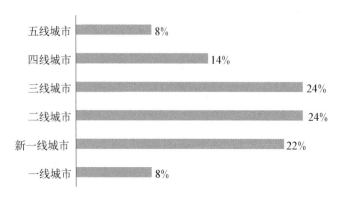

图 2－14－5　交易者所处城市

4. 八成以上交易者开立涉事期货交易账户时无任何期货交易经验

从交易经验来看，88% 的交易者在开立账户时无任何期货交易经验，其中 4% 的交易者仅购买过银行活期和定期存款，32% 的交易者购买过基金、保险等理财产品，52% 的交易者参与过股票、基金等产品的交易并倾向于自己做出投资者决策。仅有 12% 的交易者参与过权证、期货等产品的交易，具有丰富的投资经验。

（二）"喊单"纠纷中交易者从事期货交易情况

1. 交易者从事期货交易期间较短

从期货交易账户的开立时间来看，82% 的交易者在《居间人管理办法》出台前

---

①　根据《2022 年居民收入和消费支出情况》，居民可支配收入是指居民可用于最终消费支出和储蓄的总和，即居民可用于自由支配的收入，既包括现金收入，也包括实物收入，http：//www.stats.gov.cn/xxgk/sjfb/zxfb2020/202301/t20230117_1892129.html。

②　"第一财经·新一线城市研究所"：《2022 年度中国城市新分级名单》，https：//baike.baidu.com/item/%E4%B8%AD%E5%9B%BD%E5%9F%8E%E5%B8%82%E6%96%B0%E5%88%86%E7%BA%A7%E5%90%8D%E5%8D%95/12702007?fr=aladdin。

开立账户,只有18%的交易者在《居间人管理办法》出台后方开立账户。

从期货交易持续的时间来看,交易者的平均交易期间持续97日,其中最短的交易期间仅为3日,最长的交易期间为656日。具体来说,近九成的交易者从事期货交易期间少于180日,其中从事期货交易90日以下的占比为62.5%,90~179日的占比25%;12%的交易者从事期货交易期间在180日以上,其中180~269日的占比为6%,270~364日的占比2%,365日以上的占比为4%。期货交易期间如图2-14-6所示。

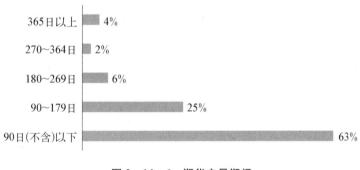

图 2-14-6 期货交易期间

2. 交易者从事期货交易的成本高、成交量可观

从期货交易手续费收取标准来看,交易者通常向期货公司支付期货交易所手续费标准的3~6倍,其中超过六成的交易者手续费标准为6倍,24%的交易者手续费标准为4倍,12%的交易者手续费标准为5倍,仅有2%的交易者手续费标准为3倍。如图2-14-7所示。从成交量来看,交易者在期货交易期间内平均成交量为3 047手,倾向于短线交易;涉及的交易品种多为螺纹钢、焦煤、玻璃、纯碱等品种。

需要指出的是,《期货经纪合同》约定了期货公司每一交易品种的手续费收取具体标准,但不会明示该标准与交易所手续费之间的倍数,而需要交易者自行换算方可得知具体倍数;在开户过程中,期货公司亦不会针对手续费收取标准做详尽的解释和说明。在调解过程中,交易者通常会对此提出质疑。

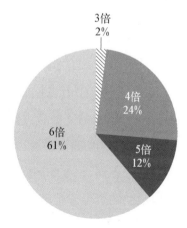

图 2-14-7 期货公司手续费
收取标准

3. 过半交易者的入金金额在 10 万至 50 万元之间

从期货交易入金规模来看，交易者人均入金金额为 769 874.5 元，金额在 10 万~50 万区间的交易者占比最高，为 57.78%，而金额在 50 万~100 万区间的交易者占比为 22.22%，超过 100 万的占比 15.55%，仅有 4.44% 的交易者入金金额小于 10 万。如图 2－14－8 所示。

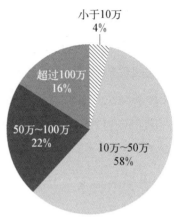

4. 过半交易者的损失金额在 10 万至 50 万元之间

图 2－14－8　期货交易入金规模

在"喊单"纠纷中，交易者的损失通常由两部分组成，一是交易损失，二是手续费。样本数据显示，交易者平均损失金额为 308 934.55 元，其中平均投资损失为 188 359.68 元，平均手续费为 120 574.88 元。损失金额在 10 万~50 万元（不含）的交易者占比最高，为 51%；损失金额在 10 万（不含）以下的交易者占比 36.73%；损失金额 50 万以上的交易占比为 12.24%。如图 2－14－9 所示。

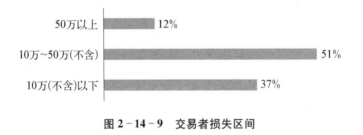

图 2－14－9　交易者损失区间

5. 六成以上交易者亏损比例超 30%

从资金亏损比例来看，68% 的交易者亏损比例超过 30%，其中亏损比例为 30%~50% 的交易者占比 33%，亏损比例为 50%~75% 的交易者占比 24%，亏损比例为 75%~100% 的交易者占比 11%。亏损比例低于 10% 的交易者占比 20%，亏损比例为 10%~30% 的交易者占比 11%。如图 2－14－10 所示。

另一方面，根据《全国期货市场交易者（2021 年度）》数据统计，73.7% 的交易者可以承受的资金亏损范围低于 30%[①]。

---

① 中国期货业协会：《全国期货市场交易者状况调查报告（2021 年度）》，第 18 页。

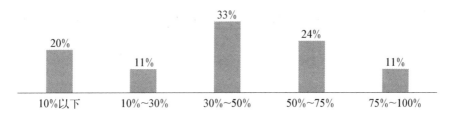

图 2－14－10　交易者亏损比例区间

（三）"喊单"纠纷调解情况

1. 七成以上"喊单"纠纷可在 60 日内结案

从调解期限来看，"喊单"纠纷的平均调解期限[①]为 48 日，其中成功结案的纠纷平均调解期限为 52 日，而失败结案的纠纷平均调解期限为 40 日。60 日内结案的纠纷占比超过七成，其中 28% 的纠纷可在 30 日内结案，46% 的纠纷结案时间在 30 日～60 日；超过 60 日结案的纠纷占比较小，60 日～90 日、90 日以上结案的纠纷占比分别为 18%、8%。如图 2－14－11 所示。

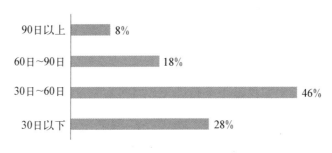

图 2－14－11　调　解　期　限

2. 近七成的"喊单"纠纷可经调解成功化解

经调解，成功结案的纠纷比例高，达到了 68%；而经调解，失败结案的纠纷占比为 32%。纠纷调解失败多为交易者未提供有关"喊单"的证据、居间人失联或各方就调解方案金额未达成一致等原因。

3. 超七成交易者经调解可挽回 30% 以上的损失

经调解成功结案的纠纷中，调解方案金额平均可达 37 919.42 元。根据调解方案，75% 的交易者可弥补 30% 以上的损失，其中 50% 的交易者弥补损失的比例为

---

① 本文中调解期限终结之日以纠纷各方签署调解协议或和解协议或出具情况说明之日为准。最近三年因疫情影响导致前述协议或文件的签署存在不同程度的延迟。

30%～60%,25%的交易者甚至可弥补 60%以上的损失;18%的交易者可弥补 10%～30%的损失,2%的交易者可弥补 10%以下的损失。如图 2－14－12 所示。

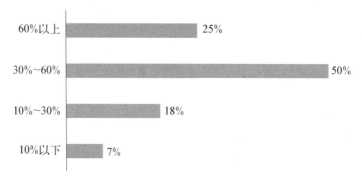

图 2－14－12 经调解成功结案的纠纷中损失弥补比例

值得注意的是,随着《居间人管理办法》落实,一方面期货公司逐渐规范、厘清了有关居间人的工作制度,有效遏制了居间人"喊单"乱象。另一方面,居间人因不再与期货公司合作、无新开发客户,导致后续纠纷解决配合意愿不高、调解难度增加、调解方案金额降低。2021 年经调解成功结案的纠纷中,交易者可弥补损失比例平均为 35%,但 2022 年这一比例降至 22%。

4. 调解方案金额多数情况下不超过交易者的手续费总额

在调解过程中,期货公司及其居间人通常会避免对交易者的投资损失进行补偿,而以实际留存的手续费为限提出相应的调解方案。经调解成功结案的纠纷中,62%的纠纷调解方案金额比手续费金额低,38%的纠纷调解方案金额超出了手续费金额。

三、相关工作建议

本文在分析"喊单"纠纷中交易者特征、期货交易概况的基础上,并结合调解实务,向投资者保护机构、期货公司等提出建议。

（一）加强投教服务精准度,提升投教服务有效性

第一,着力于纠纷多发区域的投资者教育服务（以下简称投教服务）工作。在调解实践中,交易者多为居住于非一线城市的中青年人,接受过高等教育,但其受

教育程度与期货交易知识水平并不匹配。因此,建议投教服务可适当向非一线城市倾斜,尤其是城乡结合区域,适时"送投教服务下乡",提升投教服务覆盖的深度。

第二,持续加大将金融投资知识纳入国民教育的力度,借由国民教育这一平台扩大投教服务的广度,提高投教服务的有效性。

第三,互联网已成为投资者获取信息的首选渠道,因此投教服务应进一步顺应互联网发展趋势,提高智能化水平,积极借助社交媒体、公众号等新媒体形式,有效扩大投教服务受众人群。

第四,借助投资者喜闻乐见的形式,如短视频等,提供看得懂、有意思、有温度的投教产品,使投资者易于吸收、乐于接受。

(二)压实期货公司义务,促进居间人转型

一方面,期货公司对交易者的适当性义务应落到实处。如对于高龄交易者、在开户时填写风险测试问卷回答存在矛盾或者不一致的交易者,均应有相应的特别提示或处理方案。对于交易手续费的收取标准,应当向交易者做详尽、具体的解释和说明,避免未来争议发生。

另一方面,期货公司对居间人的管理应贯穿始终,积极促进居间人转型,通过提升其专业性、合规性来减少有关争议和纠纷。

(三)进一步推广证券纠纷调解,提升纠纷化解效率

《期货和衍生品法》第56条规定了期货公司的强制调解义务,但该义务的触发仍以普通交易者的申请为准。在调解实践中,笔者了解到相当一部分交易者是通过非法代理黑产①使用各种途径(如投诉、举报、调解等)以获得经济赔偿。这从侧面凸显调解这一纠纷化解渠道尚未深入人心。除了在日常的投教服务工作中大力宣传调解外,还建议从以下方面发力,对调解进行针对性推广:

第一,在期货交易的全过程中宣传、推广调解。如开户时,期货公司或其居间人通过口头、书面的方式向交易者介绍、强调有关调解信息。

第二,在纠纷发生时,期货公司或居间人积极引导交易者申请调解,在一定程度上掌握纠纷化解的主动性,避免非法代理黑产的介入,增加纠纷化解难度。

---

① 非法代理机构或其工作人员无任何法律从业资质,通过网络、电话等多种途径宣传、联系交易者,声称可帮助交易者从期货公司处获得赔偿,与交易者签署代理协议并约定可获得赔偿金额高比例的分成(30%以上)。在调解过程中,非法代理机构通常隐身于交易者背后,不会与调解员或期货公司进行任何直接的沟通。